W0367924

365
TIPPS GEDÄCHTNIS-TRAINING

monte von DUMONT

Die Deutsche Bibliothek – CIP-Einheitsaufnahme

365 Tipps Gedächtnistraining. - Köln : DuMont, 2001
(Monte von DuMont)
ISBN 3-7701-8662-1

Redaktion und Produktion: MediText, Stuttgart
Autorin: Simone Harland
Korrektur: Andrew Leslie
Fotos: Adobe Image Library (4); creativ collection (4); Corbis Images (1), Digital Vision (2); Digital Stock (2); John Foxx Images (1), MEV (23), PhotoAlto (4); PhotoDisc (18); Project Photos (1); Stockbyte (2); SuperGu (2)
© 2001 DuMont Buchverlag, Köln
(monte von DuMont)

Alle Rechte vorbehalten

Die Ratschläge in diesem Buch sind von Autorin, Redaktion und Verlag sorgfältig erwogen und geprüft, dennoch kann eine Garantie nicht übernommen werden. Eine Haftung der Autorin, der Redaktion bzw. des Verlages und seiner Beauftragten für Personen-, Sach- und Vermögensschäden ist ausgeschlossen.

ISBN 3-7701-8662-1
Printed in Slovenia

Inhalt

Ernährung

Unser Gehirn ist ein Wunderwerk der Natur. Damit es bis ins hohe Alter aktiv und fit bleibt, muss es die richtige Nahrung erhalten. Viele Nahrungsmittel enthalten Stoffe, die dem Gedächtnis auf die Sprünge helfen. Genauso gibt es Substanzen, die man besser meiden sollte, um die Nervenzellen im Gehirn nicht zu schädigen und seine Merkfähigkeit möglichst lange auf hohem Niveau zu erhalten.

1

Für unser Nervenkostüm ist eine ausreichende Aufnahme des Vitamins B_2, auch Riboflavin genannt, unerlässlich. Bei unzureichender Zufuhr kommt es unter anderem zu Konzentrationsstörungen und nachlassender Gedächtnisleistung. Um Ihr Gehirn topfit zu halten, sollten Sie daher Nahrungsmittel in Ihren Speiseplan aufnehmen, die viel Vitamin B_2 enthalten, wie Hühnerfleisch, Mandeln, Spinat, Bierhefe oder Milch und Milchprodukte.

2

Schützen Sie Ihr Gehirn vor dem Einfluss der so genannten freien Radikale. Darunter versteht man für die Körperzellen schädliche Formen des Sauerstoffs, die bei jedem Atemzug in unserem Körper entstehen. Sie tragen dazu bei, die Gedächtnisleistung einzuschränken. So genannte Antioxidanzien wie Vitamin A, C und E oder Kupfer, Selen und Zink, die über die Nahrung aufgenommen werden, machen freie Radikale unschädlich.

3

Größere Mengen Aluminium in der Nahrung sind möglicherweise an der Entstehung der Alzheimer-Krankheit beteiligt, die mit einem starken Gedächtnisverlust einhergeht. Selbst wenn diese Annahme bislang noch nicht untermauert werden konnte, sollten Sie darauf achten, möglichst wenig Aluminium mit der Nahrung aufzunehmen. Verbannen Sie daher unbedingt Aluminiumtöpfe und -geschirr aus Ihrer Küche, denn vor allem saure Speisen lösen Aluminium daraus. Auch beim Camping sollten Sie anderes Geschirr verwenden.

4

Das Spurenelement Eisen ist zwar in erster Linie für die Blutbildung nötig, fehlt aber Eisen in der Nahrung, kommt es zu Abgeschlagenheit und damit zu Konzentrationsstörungen. Um das Gedächtnis topfit zu erhalten, ist daher eine ausreichende Eisenzufuhr notwendig. Vor allem in Fleisch enthaltenes Eisen kann der Körper gut verwerten; reich an Eisen sind auch grüne Gemüsesorten und Nüsse.

5

Eisenreiche Nahrungsmittel sollten möglichst nicht mit Lebensmitteln verzehrt werden, die Stoffe wie Phytinsäure (enthalten in Getreide), Oxalsäure (Spinat) oder Tannine (Kaffee) beinhalten. Diese Substanzen verringern die Aufnahme des für die Gedächtnisleistung wichtigen Eisens.

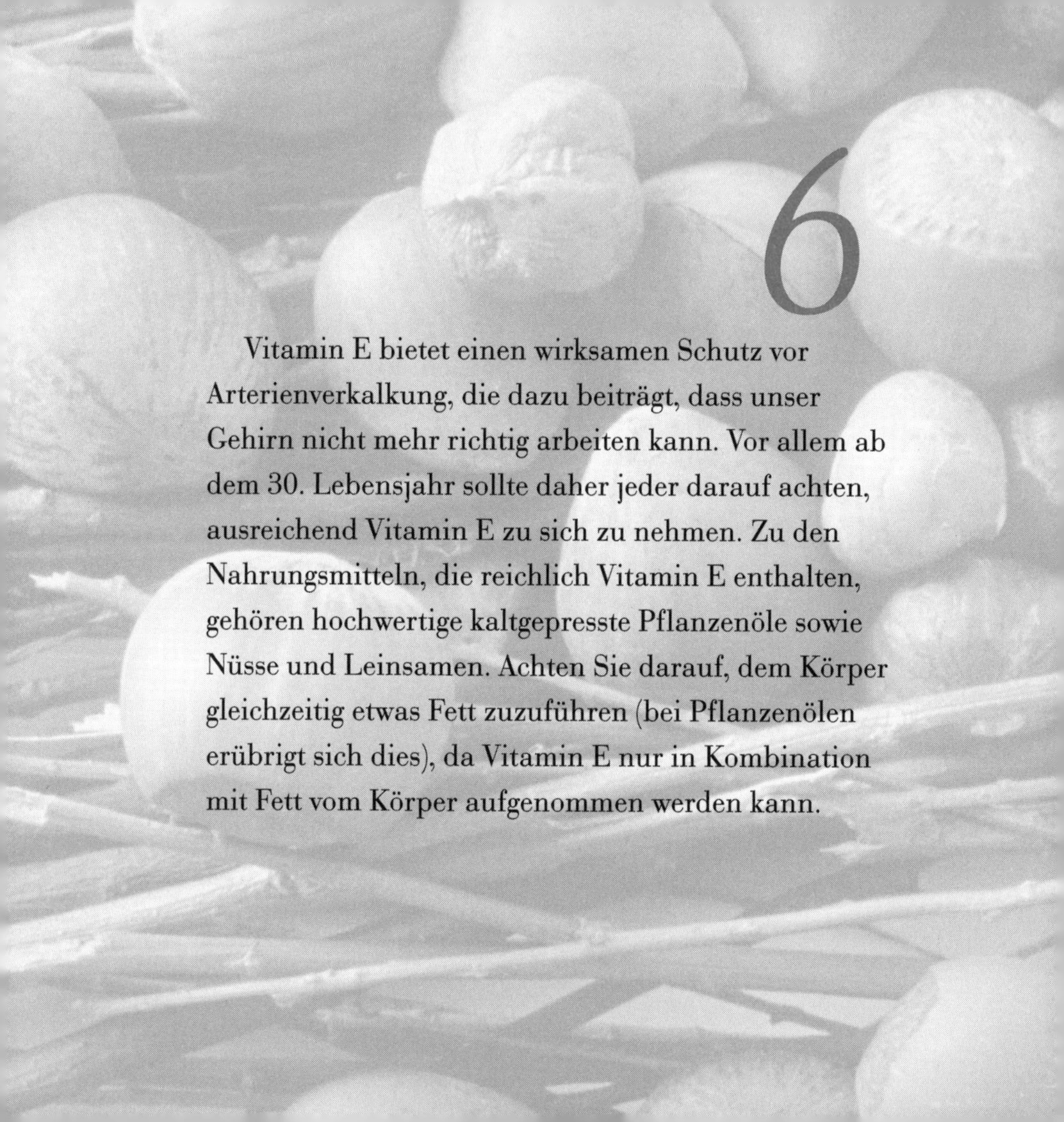

6

Vitamin E bietet einen wirksamen Schutz vor Arterienverkalkung, die dazu beiträgt, dass unser Gehirn nicht mehr richtig arbeiten kann. Vor allem ab dem 30. Lebensjahr sollte daher jeder darauf achten, ausreichend Vitamin E zu sich zu nehmen. Zu den Nahrungsmitteln, die reichlich Vitamin E enthalten, gehören hochwertige kaltgepresste Pflanzenöle sowie Nüsse und Leinsamen. Achten Sie darauf, dem Körper gleichzeitig etwas Fett zuzuführen (bei Pflanzenölen erübrigt sich dies), da Vitamin E nur in Kombination mit Fett vom Körper aufgenommen werden kann.

7

Alkohol schädigt die Nervenzellen; das dürfte mittlerweile allen bekannt sein. Bei jedem Rausch sterben zahlreiche Nervenzellen ab, die nicht wieder erneuert werden. Um das Gehirn einer solchen Schädigung, die den Verlust von Gedächtnisleistung nach sich zieht, nicht auszusetzen, sollte Alkohol nur in Maßen konsumiert werden.

8

Weizenkeime sollten häufiger einmal auf Ihrem Speiseplan stehen, zum Beispiel als Zutat fürs Müsli. Warum? Ganz einfach: Weizenkeime enthalten große Mengen des Vitamins B_6 (Pyridoxin), das an der Bildung von Stoffen beteiligt ist, die bei der Funktion unseres Nervensystems eine große Rolle spielen, zum Beispiel das so genannte Glückshormon Serotonin. Fehlt Vitamin B_6, kommt es zu Störungen im Nervensystem und damit häufig auch zu Konzentrationsschwäche. Ihre Brain Power leidet sehr darunter!

9

Lethargie, Konzentrationsschwäche, depressive Verstimmungen, Gedächtnisstörungen: All dies sind Beschwerden, die mit einer Unterfunktion der Schilddrüse einhergehen können. Zu den Hauptursachen dieser Symptome gehört der Mangel an Jod in der Nahrung. Essen Sie daher wenigstens zweimal wöchentlich Seefisch, um eine ausreichende Jodversorgung zu gewährleisten und ihr Gehirn auch weiterhin auf Hochtouren laufen zu lassen.

10

Seefisch enthält so genannte Omega-3-Fettsäuren. Diese beugen nach neuesten wissenschaftlichen Erkenntnissen der Arterienverkalkung vor. Regelmäßiger Verzehr von Seefisch hilft daher, die Blutversorgung des Gehirns sicherzustellen und die Gedächtnisleistung zu bewahren.

11

Wer sich nur schlecht entspannen kann, dessen Gehirn arbeitet häufig weniger gut. Der Grund: Auch unser Gedächtnis benötigt hin und wieder Ruhepausen, um hinterher wieder unter Volldampf arbeiten zu können. Erdnüsse mit ihrem hohen Gehalt an der Aminosäure Tryptophan, einem Eiweißbaustein, tragen dazu bei, die Nerven zu beruhigen und Stress abzubauen.

Mögen Sie Studentenfutter? Wunderbar! Die Nüsse im Studentenfutter besitzen einen hohen Gehalt an den Vitaminen der B-Gruppe, die dazu beitragen, unsere Merkfähigkeit zu steigern. Vor allem Haselnüsse sind reich an B-Vitaminen. Knacken Sie Ihrem Gehirn zuliebe daher doch häufiger mal eine harte Nuss!

12

Essen Sie häufig wild wachsende Pilze? Lieben Sie Innereien und kommen diese bei Ihnen häufiger auf den Tisch? Im Interesse Ihres Denkvermögens sollten Sie den Konsum dieser Nahrungsmittel besser etwas einschränken, denn sie sind häufig stark mit Blei belastet, das in regelmäßig aufgenommenen hohen Dosen unter Umständen das Gehirn schädigen kann.

13

14

Trinken Sie genug! Natürlich keinen Alkohol, sondern am besten kalorienfreie Mineralwässer oder Saftschorlen. Unser Organismus benötigt täglich etwa 1,5 Liter Wasser, um all seine Funktionen aufrechtzuerhalten. Wenn wir zu wenig trinken, leidet darunter auch unser Denkvermögen. Am besten, Sie stellen sich morgens bereits die Getränke parat, die Sie über den Tag verteilt trinken wollen, und schütten sich immer mal wieder zwischendurch ein Glas davon ein.

15

Vollkornbrot, Erbsen, Bohnen, Linsen und Nüsse gehören zu einer Ernährung für ein topfittes Gedächtnis einfach dazu. Neben zahlreichen Vitaminen enthalten sie einen Stoff namens Phytinsäure, der zu den so genannten Antioxidanzien zählt. Er sorgt dafür, dass unsere Zellen (natürlich auch die Nervenzellen) nicht durch die negativen Einflüsse der freien Radikale geschädigt werden, die bei jedem Atemzug in unseren Körper gelangen.

Pflanzliche Nahrungsmittel sollten den Großteil einer Ernährung ausmachen, die das Ziel hat, die Gedächtnisleistung oder die Gehirnleistung ganz allgemein zu steigern. Sie enthalten in ihren Randschichten so genannte Polyphenole, die ebenfalls als Antioxidanzien wirken und unsere Nervenzellen vor Schäden bewahren.

16

17

Thiamin – das ist ein Zauberwort, um das Gedächtnis durch die Ernährung möglichst aktiv zu erhalten. Thiamin, das besser unter dem Namen Vitamin B_1 bekannt ist, ist für die Leistungsfähigkeit des Gehirns unerlässlich, da es notwenig ist, um aus den Einfachzuckern Fruktose und Galaktose den vom Gehirn benötigten Traubenzucker (Glukose) zu bilden. Bei einem Mangel an Thiamin kommt es neben anderem zu Gedächtnisverlust und Müdigkeit.

Die Thiaminvorräte müssen Tag für Tag wieder aufgefüllt werden, da unser Organismus das für die Leistungsfähigkeit des Gehirns notwendige Vitamin nicht speichern kann. Besonders reich an Thiamin sind Vollkornprodukte und Bierhefe, aber auch Fleisch enthält größere Mengen Thiamin.

18

19

Das ideale Gegenmittel gegen Konzentrationsstörungen und Stress sind Paranüsse. Diese – zugegeben sehr fett- und kalorienhaltigen – Nüsse enthalten einen Vitamin- und Mineralstoffcocktail, der seinesgleichen sucht. Insbesondere verschiedene B-Vitamine, Vitamin E und Magnesium, Kalium und Eisen machen die Paranuss so interessant für Menschen, die ihr Gedächtnis verbessern möchten.

20

Der im weitesten Sinn zu den Fetten gehörende Stoff Lezithin ist ein wichtiger Bestandteil unseres Gehirns. Aus diesem Grund wird Lezithin häufig auch als Gehirnnahrung bezeichnet. In der Nahrung kommt Lezithin vor allem im Eigelb, in Hülsenfrüchten und in Möhren sowie anderen Pflanzenwurzeln vor.

21

Reich an Lezithin sind auch Sonnenblumenkerne. Diese fördern die Gedächtnisleistung zudem durch ihren hohen Gehalt an B-Vitaminen und an Vitamin E. Auch der gegen Stress wirkende Mineralstoff Magnesium ist in größeren Mengen in Sonnenblumenkernen enthalten.

22

Einem Gedächtnisverlust bis zu einem gewissen Maß vorbeugen kann das Spurenelement Selen. Es ist Bestandteil eines körpereigenen Stoffs, der zu den Antioxidanzien gehört und damit Schäden von den Zellen abwendet. Reich an Selen sind vor allem Fisch, Fleisch, Getreide und Hülsenfrüchte.

23

Genau wie Selen zählt vermutlich auch das Spurenelement Zink zu den Antioxidanzien und verzögert wahrscheinlich den Verlust des Gedächtnisses. Daneben besitzt es noch eine Vielzahl weiterer Funktionen im menschlichen Körper. Gute Nahrungsquellen für Zink sind Fleisch und Fisch sowie Eier, Milch und Milchprodukte und Vollkorngetreide. Das in tierischen Nahrungsmitteln enthaltene Zink kann der Körper besser verwerten als das in pflanzlichen Produkten vorkommende Zink.

Untergewicht kann die Leistungsfähigkeit des menschlichen Gehirns negativ beeinflussen – vor allem wenn das Körpergewicht mehr als 20 % unter dem Normalgewicht liegt, kommt es zu Konzentrationsstörungen. Falls Sie zu den Personen gehören, die sich nur wohl fühlen, wenn sie sehr dünn sind, sollten Sie Ihre Einstellung Ihrem Gehirn zuliebe vielleicht einmal überdenken.

24

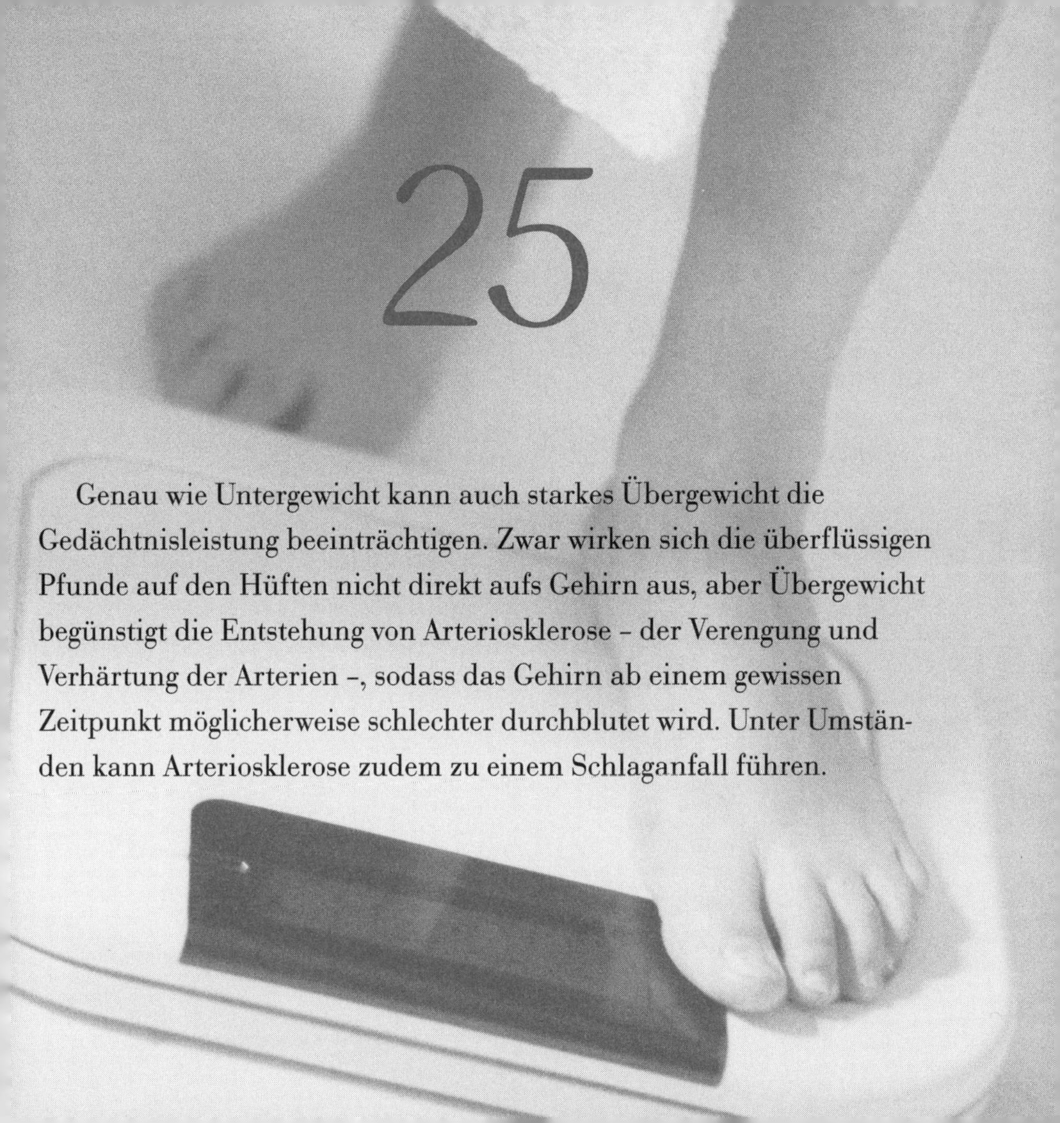

25

Genau wie Untergewicht kann auch starkes Übergewicht die Gedächtnisleistung beeinträchtigen. Zwar wirken sich die überflüssigen Pfunde auf den Hüften nicht direkt aufs Gehirn aus, aber Übergewicht begünstigt die Entstehung von Arteriosklerose – der Verengung und Verhärtung der Arterien –, sodass das Gehirn ab einem gewissen Zeitpunkt möglicherweise schlechter durchblutet wird. Unter Umständen kann Arteriosklerose zudem zu einem Schlaganfall führen.

Kurzzeitgedächtnis

Unser Kurzzeitgedächtnis benötigen wir immer dann, wenn wir uns etwas nur für kurze Zeit einprägen müssen. Dazu gehört zum Beispiel die Telefonnummer, die wir uns während des Anrufs bei der Auskunft merken müssen, um sie sofort im Anschluss zu notieren, oder aber ein Rätsel, das wir ohne Hilfe von Papier und Bleistift im Kopf lösen. Leider lässt uns unser Kurzzeitgedächtnis immer wieder im Stich – denken Sie nur an den Schlüssel, den Sie vor wenigen Minuten abgelegt haben und dessen „Aufenthaltsort“ Ihnen nun entfallen ist. Mit den folgenden Übungen bringen Sie Ihr Kurzzeitgedächtnis wieder in Topform!

Prägen Sie sich die folgenden Zahlenkombinationen jeweils etwa sieben Sekunden lang ein und notieren Sie sie anschließend:

542984	908764
9563081	8263485
02135873	89760238
57123694	24963327

26

27

Prägen Sie sich die folgenden Buchstabenkombinationen jeweils etwa sieben Sekunden lang ein und notieren Sie sie anschließend:

LBRAPX	HLORBN
IVIADPR	KPICVER
JNWSTKYM	XYJEZNNQ
LLTSCHUS	KLRFCPAB

28

Prägen Sie sich die folgenden Zeichenkombinationen jeweils etwa sieben Sekunden lang ein und notieren Sie sie anschließend:

$*+=&?	_-:))/
%§*-+($	!!§/';?
//-#+%“	-=.=?!()
-+(=)	&&%$§!/

29

Prägen Sie sich die folgenden Wortkombinationen ein. Decken Sie im Anschluss die beiden letzten Wörter der Kombinationen ab und versuchen Sie, die Kombinationen aus dem Gedächtnis zu vervollständigen.

Kuh - Strohhut - Ärmelkanal

Telefon - Junge - Schokolade

Unterhose - Blumenstrauß - Kaugummi

Weidezaun - Wolkenkratzer - Bundesstaat

Zaunkönig - Rockmusik - Bücherregal

30

Hatten Sie Schwierigkeiten, sich die Wortkombinationen auf der letzten Seite einzuprägen? Denken Sie sich kleine Geschichten mit den Wörtern der Kombinationen aus – je abstruser, desto besser. Ein Beispiel: Die Kuh mit dem Strohhut auf dem Kopf schwamm durch den Ärmelkanal. Mithilfe dieser Eselsbrücken können Sie sich die Kombinationen viel leichter merken.

31

Und nun das gleiche Spiel mit den Wortkombinationen noch einmal. Befolgen Sie nun Tipp 30:

Regenwetter – Hutschachtel – Papst

Computerbildschirm – Regenwurm – Clownsgesicht

Ratespiel – Kunstmaler – Fensterputzer

Insel – Nussschale – Schornstein

Wissenschaftler – Taschenrechner – Kaleidoskop

32

Nun versuchen Sie, sich mit der Technik aus Tipp 30 folgende Kombinationen aus vier Wörtern einzuprägen. Decken Sie dann die jeweils letzten drei Wörter ab und wiederholen die Kombinationen aus dem Gedächtnis.

Morsezeichen – Ratgeber – Schwein – Schreibtisch

Schauspieler – Schere – Orchidee – Katastrophe

Mantel – Antenne – Lampe – Autobahn

33

Zahlen (wie Telefonnummern) können Sie sich besser merken, wenn Sie dazu eine Geschichte erfinden. Die Nummer 66 702 könnten Sie sich folgendermaßen merken: Udo Jürgens sang „Mit 66 Jahren ...“, Schneewittchen hatte sieben Zwerge, ... ist eine Null und zwei gehören zusammen.

34

Denken Sie sich nun kleine Geschichten zu den folgenden Zahlen aus und prägen Sie sie sich auf diese Weise ein. Und denken Sie daran: Je abstruser, desto einprägsamer.

74 19 69	98 75 24
22 26 58	36 02 08
56 38 95	91 65 54

35

Die Übung aus Tipp 34 wiederholen Sie nun noch einmal mit längeren Zahlenkombinationen:

87 54 25 63	87 54 26 65
11 22 44 52	47 81 16 59
28 65 41 24	75 24 96 35
00 39 68 87	31 59 11 21

36

Kennen Sie folgende Situation? Sie haben Ihr Auto in der Parkgarage abgestellt und sind gerade dabei, diese zu verlassen, da fragen Sie sich, ob Sie auch wirklich das Licht Ihres Autos ausgemacht haben. Solche Situationen gibt es häufig. Machen Sie es sich deshalb zur Gewohnheit, sich beim Aussteigen aus dem Wagen vorzustellen, Ihr Auto besäße große gelbe Blinklichter auf dem Dach. Dieses ungewöhnliche Bild erinnert Sie unter Garantie daran, das Licht auszuschalten!

37

In allen Situationen, in denen Sie fürchten, etwas zu vergessen, sollten Sie die Technik aus Tipp 36 anwenden. Je ungewöhnlicher das Bild ist, das Sie mit der jeweiligen Situation in Verbindung bringen, umso unwahrscheinlicher ist es, dass Sie diese Situation vergessen.

Sie vergessen nicht, Ihren Herd beim Verlassen der Wohnung auszuschalten, wenn Sie sich jedes Mal vorstellen, das Wasser aus einem Kochtopf würde über den Ausschaltknopf fließen und den Herd auf diese Weise ausstellen.

38

Denken Sie sich Bilder für folgende Situationen aus, die Sie nicht vergessen dürfen oder wollen:

a) die regelmäßige Einnahme eines Medikaments

b) jemanden am folgenden Tag zum Geburtstag zu gratulieren

c) einen Termin beim Arzt zu vereinbaren

Anna: 25.5.2001, 14:30

39

40

Nun gehen wir einkaufen – natürlich ganz ohne Einkaufszettel. Versuchen Sie, sich folgende Begriffe in zwei Minuten einzuprägen:

Schinken	Kalender
Camembert	Blumen
Milch	Nudeln
Vollkornbrot	Senf
Zeitung	Hüttenkäse

41

Na, haben Sie es geschafft, sich alle Dinge zu merken, die Sie einkaufen wollten? Auch hier ist es sinnvoll, die Begriffe zu einer möglichst abstrusen Geschichte zu verknüpfen. Diese lässt sich leichter merken als die Begriffe allein!

42

Eine Geschichte zum Einkaufszettel: Sie haben Ihrem Hund Schinken und Camembert zu fressen gegeben, da trinkt er noch die Milch aus. Das Vollkornbrot hat die Katze gefressen, die Zeitung liest und in ihren Kalender guckt. Sie trug einen Hut, gespickt mit Blumen und Nudeln, auf die Senf und Hüttenkäse gegeben wurde.

43

Nun noch ein weiterer Einkaufszettel, der mehr Begriffe beinhaltet. Prägen Sie ihn sich mithilfe einer Geschichte ein.

Toast	Hähnchenbrust	Lachsersatz
Karotten	Äpfel	Parmesan
Quark	Käsekuchen	Hundefutter
Zahnstocher	Müllbeutel	Duschbad
Zahnpasta	Nähgarn	Kartoffelchips

44

Die Geschichten, die Sie sich zu Ihrem Einkaufszettel ausdenke sollten möglichst ungewöhnlich sein, da sich das Nicht-Alltägliche besser einprägt als Dinge, die wir täglich sehen. Eine Zeitung lesen Katze ist beispielsweise besser als ein Zeitung lesender Mensch.

45

Besonders ungewöhnliche Bilder für eine Geschichte bekommt man, wenn man bestimmte Begriffe durch andere ersetzt: Sie essen zum Beispiel die Zeitung und lesen im Hüttenkäse.

46

Je mehr sich die Dinge in Ihrer Geschichte bewegen, umso besser können Sie sie sich merken. Lassen Sie doch das Vollkornbrot einfach mal zum Hüttenkäse laufen und ihn um ein Rendezvous bitten!

47

Auch Übertreibungen helfen, sich Dinge besser zu merken. Stellen Sie sich beispielsweise einen riesigen Berg Hüttenkäse vor, den ein gewaltiger Schinken hinunterrollt.

48

Stellen Sie sich gleichzeitig Geruch, Konsistenz und Geschmack der Dinge vor, die Sie einkaufen wollen. Durch die Kombination verschiedener Sinne fällt es wesentlich leichter, sich Dinge zu merken. Selbst wenn Sie beim Einkaufsbummel etwas vergessen, fällt es Ihnen vielleicht wieder ein, wenn Ihnen der charakteristische Geruch in die Nase steigt.

49

Noch ein Tipp zu Ihrem Einkaufszettel: Je intensiver Sie sich in Ihre Geschichte vertiefen, je plastischer Sie die Bilder vor Ihrem inneren Auge sehen, umso leichter wird es Ihnen fallen, sich Ihren Einkaufszettel einzuprägen.

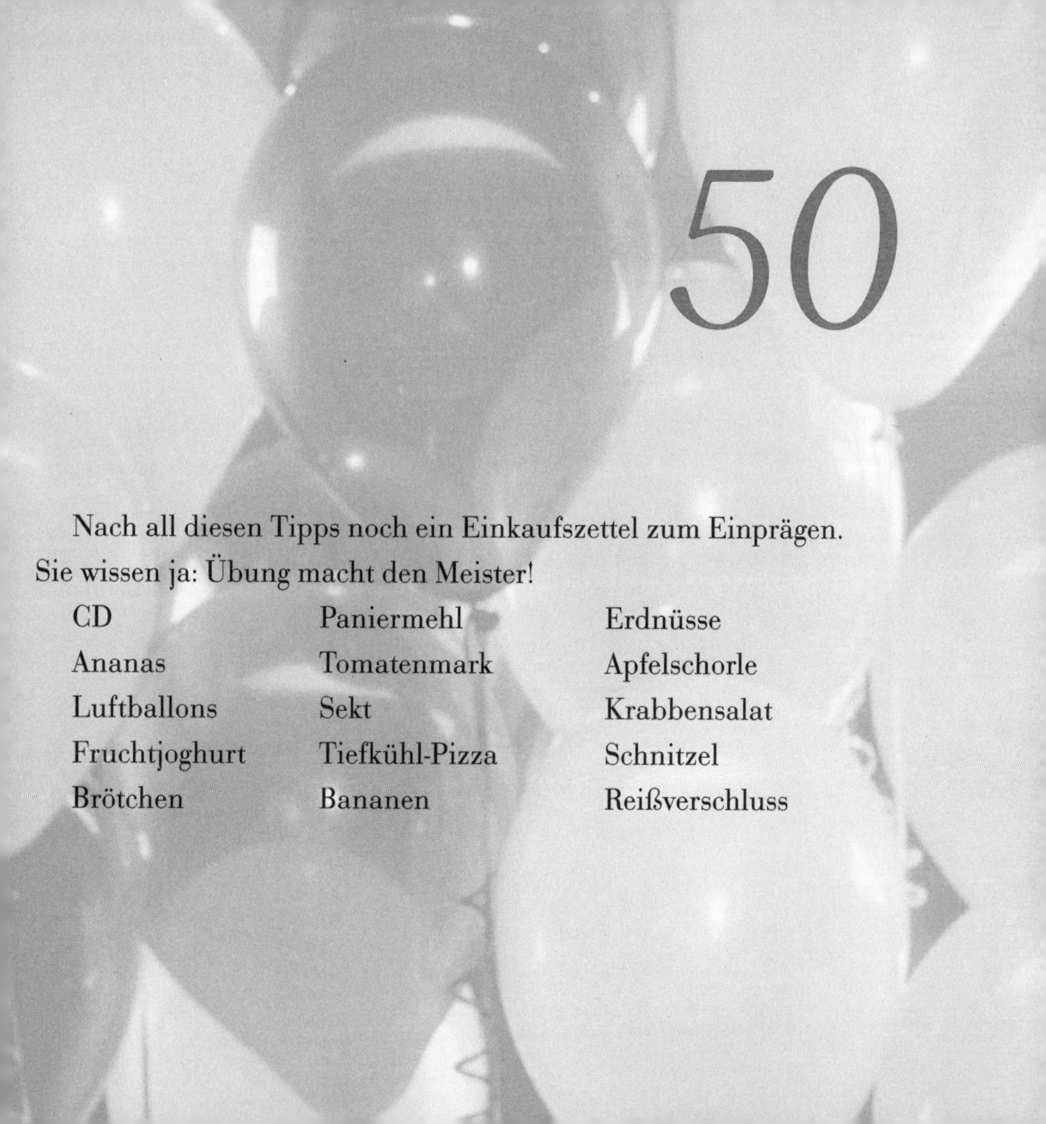

50

Nach all diesen Tipps noch ein Einkaufszettel zum Einprägen. Sie wissen ja: Übung macht den Meister!

CD	Paniermehl	Erdnüsse
Ananas	Tomatenmark	Apfelschorle
Luftballons	Sekt	Krabbensalat
Fruchtjoghurt	Tiefkühl-Pizza	Schnitzel
Brötchen	Bananen	Reißverschluss

51

Nun können Sie Ihren Einkaufszettel selbstverständlich auch auf andere Weise auswendig lernen. Dazu müssen Sie allerdings den Laden, in dem Sie einkaufen, vor Ihrem geistigen Auge erwecken. Gehen Sie im Geiste durch die Regale und merken Sie sich, wo die Dinge stehen, die Sie einkaufen wollen.

52

Ein geistiger Spaziergang durch die Einkaufsregale eignet sich für Menschen, die gut in Bildern denken können. Alle anderen merken sich ihren Einkaufszettel durch eine Geschichte besser.

53

Ein bildhaftes Vorstellungsvermögen lässt sich jedoch ohne weiteres trainieren. Versuchen Sie doch einfach mal, den Laden, in dem Sie immer einkaufen, vor Ihrem geistigen Auge zu erwecken. Wandern Sie in Gedanken durch die Regale, versuchen Sie, alles möglichst plastisch vor sich zu sehen.

Vergessen Sie auch häufig, was Sie am folgenden Tag erledigen müssen und wollen? Versuchen Sie, sich doch einmal die folgende Liste mit Erledigungen zu merken!

1. Vor dem Frühstück mit dem Hund spazieren gehen.
2. Auf dem Weg nach Hause Brötchen holen.
3. Die Kinder in den Kindergarten bringen.
4. Das Paket für Tante Anna zur Post bringen.
5. Onkel Heinz zum Geburtstag gratulieren.

54

Konnten Sie sich gut merken, was Sie alles erledigen sollten? Eigentlich dürfte es kein Problem gewesen sein, es handelte sich ja nur um fünf Dinge. Aber auch diese können Sie sich besser merken, wenn Sie sie in eine Geschichte einbinden.

55

56

Nun versuchen Sie, sich folgende Erledigungen zu merken:

1. Das Auto zum TÜV bringen.
2. Zum Friseur gehen.
3. Das Kaninchen in Pflege geben.
4. Die Kollegen zur Gartenparty einladen.
5. Zur Betriebsratswahl gehen.
6. Einen Stellenbewerber begutachten.
7. Die eigene Homepage fertig stellen.

57

Vor allem Erledigungen, die nicht täglich anfallen, werden gern und schnell vergessen – die anderen sind längst Routine geworden. Damit Ihr Schreibtisch (oder Ihr Kühlschrank) nicht mit vielen kleinen gelben Merkzetteln gespickt ist, prägen Sie sich vor allem diese Erledigungen mithilfe Ihrer Fantasiegeschichte gut ein.

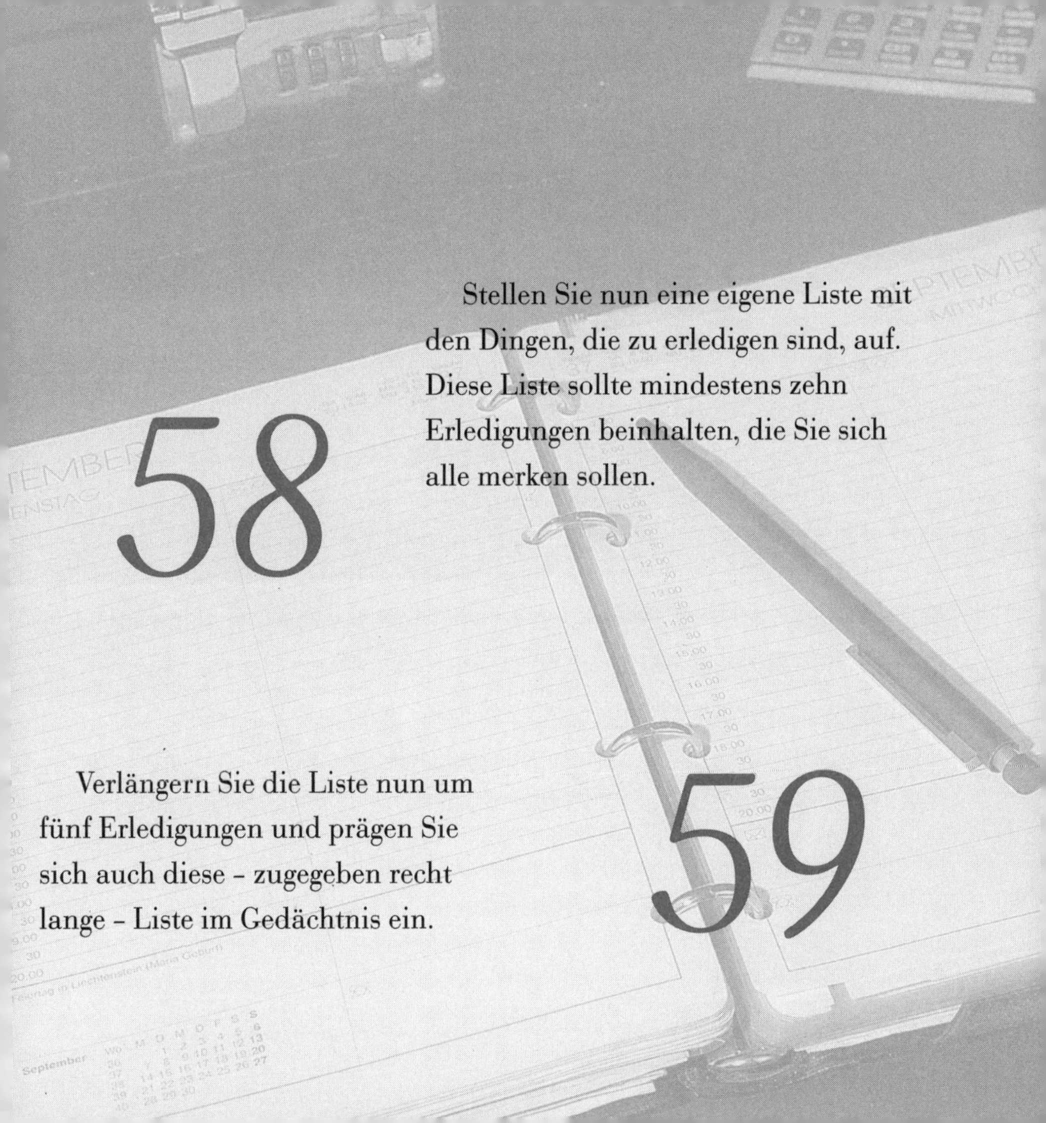

58

Stellen Sie nun eine eigene Liste mit den Dingen, die zu erledigen sind, auf. Diese Liste sollte mindestens zehn Erledigungen beinhalten, die Sie sich alle merken sollen.

59

Verlängern Sie die Liste nun um fünf Erledigungen und prägen Sie sich auch diese – zugegeben recht lange – Liste im Gedächtnis ein.

60

Versuchen Sie nun einmal, sich die Nachrichtenmeldungen, die Sie im Radio hören, einzuprägen (natürlich nicht wortwörtlich, sondern nur die Schlagzeilen). Das mag für Sie zunächst vielleicht nicht unbedingt von Nutzen sein, aber Sie können sicher sein: Es trainiert Ihr Gedächtnis! Am besten, Sie rufen bei jeder Schlagzeile auch wieder Bilder vor Ihrem geistigen Auge ab (zum Beispiel verschmutzte Seevögel bei einer Meldung über ein Tankerunglück).

Konnten Sie sich die Nachrichtenschlagzeilen zum größten Teil merken? Wenn ja, herzlichen Glückwunsch – Ihr Kurzzeitgedächtnis haben Sie bereits ganz gut trainiert. Falls Sie nicht alle Schlagzeilen behalten konnten, auch nicht schlimm: Versuchen Sie das Gleiche bei der nächsten Nachrichtensendung nochmal!

61

Nun haben Sie Ihr Gedächtnis trainiert, indem Sie sich Zahlen, Einkaufslisten, Erledigungen oder Schlagzeilen gemerkt haben. Außer bei den Zahlen war immer ein Hauptwort bei den zu merkenden Dingen dabei. Den meisten Menschen fällt es jedoch etwas schwerer, sich Verben einzuprägen. Versuchen Sie einmal, sich die folgenden Verbkombinationen innerhalb von 30 Sekunden einzuprägen:

essen – klettern – lesen	erben – schreiben
arbeiten – telefonieren – schneiden	tanzen – fallen
sitzen – trinken – springen	messen – malen

62

63

Wenn Sie sich Verben merken müssen, gehen Sie am besten ebenso vor wie beim Einprägen von Hauptwörtern. Stellen Sie sich einfach bildlich jemanden vor, der diese Dinge tut. Ein Beispiel mit einer Verbkombination aus Tipp 62: Das Kind isst, geht dann nach draußen, um zu klettern. Als es müde ist, geht es in die Wohnung, um zu lesen. Falls Ihnen andere, ungewöhnlichere Bilder einfallen, umso besser – sie lassen sich noch leichter merken.

64

So – und jetzt das Gleiche noch einmal, nur mit längeren Verbkombinationen. Prägen Sie sie sich innerhalb von drei Minuten ein!

1. küssen – spielen – schlafen – meckern – kochen – gehen
2. sehen – besichtigen – operieren – spazieren gehen – streicheln
3. ausruhen – fahren – entdecken – erkranken – abnehmen
4. turnen – helfen – schreien – umfahren – reparieren
5. flüstern – halten – drehen – trocknen – vorspiegeln

65

Zur Erholung versuchen Sie nun, sich folgende Kombinationen aus Hauptwörtern und Verben in 30 Sekunden einzuprägen:

Ball spielen – Auto fahren
Angst machen – Essen kochen
Bücher lesen – Geschichten erfinden
Glieder strecken – Arme recken

66

Auch die folgenden Kombinationen sollten Sie sich innerhalb von 30 Sekunden merken können:

Teller spülen – Ostereier suchen
Wein trinken – Lieder singen
Wäsche bügeln – Hund ausführen
Kind beruhigen – Blumen pflanzen

67

Na, hat alles mit der Ihnen schon zur Genüge bekannten Merktechnik gut geklappt? Dann versuchen Sie es noch einmal mit den folgenden Begriffen:

Messer wetzen – Laptop starten
Spargel stechen – Feld bestellen
Fische fangen – Krabben pulen
Windeln wechseln – Rad fahren

68

Nun prägen Sie sich bitte Kombinationen aus Eigenschaftswörtern ein. Eigenschaftswörter kann man ganz hervorragend in Bilder umsetzen – arbeiten Sie daher wieder mit der schon bewährten Merktechnik! Für folgende Übung sollten Sie sich eine Minute Zeit lassen:

jung – verrückt – abgespannt	gehemmt – elegant – ängstlich
klein – niedlich – launisch	ärgerlich – merkwürdig – nett
süß – kuschelig – ungeduldig	hübsch – bitter – langweilig

69

Nun kommen erneut Kombinationen aus Eigenschaftswörtern, die zwar kürzer sind, dafür ist die Liste aber umso länger. Um sich diese Kombinationen zu merken, geben Sie sich bitte zwei Minuten Zeit.

hässlich – frech	gut – kalt	kernig – stark
unschuldig – gehässig	schlecht – groß	klug – grau
liebevoll – ergeben	warm – nett	klobig – krank
strebsam – langsam	dumm – alt	hungrig – belesen

Sehen Sie beim Einprägen von Eigenschaftswörtern Dinge vor sich, die die genannten Eigenschaften in sich vereinen wie einen hässlichen, frechen Hund oder aber ein gutes, kaltes Bier? Dann sind Sie auf dem besten Weg, sich all diese Kombinationen aus Eigenschaftswörtern problemlos innerhalb kürzester Zeit merken zu können.

71

Kapitulieren Sie nicht gleich, wenn es Ihnen nicht auf Anhieb gelingt, die Übungen zu Ihrer Zufriedenheit durchzuführen. An manchen Tagen ist unser Gehirn nicht so fit wie an anderen.

72

Falls Sie Probleme mit der bildhaften Merktechnik haben, denken Sie daran, dass Sie diese erst kurze Zeit verwenden. Es ist anfangs gar nicht so einfach, sich ständig interessante, gut einprägsame Bilder auszudenken. Nach einer Weile wird es Ihnen aber ganz sicher in Fleisch und Blut übergehen, sich Dinge mithilfe von Bildern einzuprägen.

Nun wird es noch ein wenig schwieriger: Die Wortkombinationen, die Sie sich nun einprägen sollen, bestehen aus bunt zusammengewürfelten Wörtern – eine Herausforderung für Ihr Gedächtnis! Für die erste Übung haben Sie eine Minute Zeit:

unter – Haus – bunt
Mücke – schwimmen – kalt
Ente – mit – elegant
warm – Zucker – krümeln

74

Übung 73 war sicher nicht leicht, aber auch hier hilft die Technik der bildhaften Vorstellung. Ein paar Beispiele zu den Wortkombinationen: Zu unter - Haus - bunt könnten Sie sich vorstellen, dass unter Ihrem Haus bunte Leitungen in der Erde liegen; zu Mücke - schwimmen - kalt könnten Sie eine Mücke, die Sie piesackt, vor Ihrem inneren Auge sehen. Um diese loszuwerden, gehen Sie schwimmen, doch das Wasser ist kalt.

75

Zur Übung nun noch ein paar Wortkombinationen aus verschiedenen Wortgruppen. Geben Sie sich drei Minuten zum Einprägen folgender Kombinationen:

Fische – jagen – ohne	Zaun – kegeln – urlaubsreif
Enkel – grün – über	kichern – in – Zirkuszelt
Pfirsich – singen – langsam	Lied – fahren – ekelhaft
über – Arm – jung	klingeln – auf – Teppich
Telefon – erfinden – hinten	hinten – schlank – Bier

76

Prägen Sie sich die folgenden, längeren Wortkombinationen innerhalb von zwei Minuten ein:

Vitamine – depressiv – unter – Atlas – Hunger – Kuchen

auf – Milch – natürlich – Küche – Familie – fliegen

Elfe – tanzen – malen – in – Artischocke – Gesundheit

Es ist wesentlich schwieriger, sich eine Kombination aus willkürlich zusammengesetzten Hauptwörtern, Eigenschaftswörtern und Verben zu merken als einen Einkaufszettel oder Dinge, die zu erledigen sind. Falls Sie die letzten Übungen mit Bravour gemeistert haben, brauchen Sie sicher keine Denkstütze in Form eines Einkaufszettels mehr mit zum Einkaufen zu nehmen.

78

Eine weitere Technik, sich bestimmte Dinge zu merken, besteht darin, diese gedanklich mit etwas Gewohntem zu verknüpfen. Stellen Sie sich beispielsweise Ihr Wohnzimmer vor und verknüpfen Sie mit Gegenständen in diesem Raum Dinge, die Sie sich merken wollen. Ein Beispiel: Sie wollen Wein und Chips kaufen, verbinden mit dem Wein den Tisch und mit den Chips das Sofa. Beim Einkauf brauchen Sie sich dann nur an Ihr Wohnzimmer zu erinnern.

79

Längere Kombinationen von Wörtern (zum Beispiel den beliebten Einkaufszettel) können Sie sich merken, indem Sie den Raum gedanklich abgehen und die zu merkenden Wörter mit den dort der Reihe nach liegenden oder stehenden Gegenständen verknüpfen. Das heißt, wenn Sie vor Ihrem inneren Auge Ihr Wohnzimmer betreten, sollte Ihr Blick in eine Richtung fallen und diese Richtung sollte während des gedanklichen Rundgangs beibehalten werden. Auf diese Weise kommen Sie nicht so schnell durcheinander.

Versuchen Sie nun, sich die folgenden Wortkombinationen zu merken, indem Sie sie mit Dingen in Ihrer Wohnung verknüpfen:

Gras – Schuhe – Milch – Schokolade – Brot – Kneifzange
Zucker – Mehl – Äpfel – Filzstifte – Tageszeitung – Taschentücher
Ente – Katzenfutter – Sauerkraut – Handschuhe – Pommes frites

81

Haben Sie bei Übung 80 auch Gras aus Ihrem Wohnzimmerteppich wachsen sehen und dann rasch die Schuhe von der Heizung genommen, damit es nicht so stinkt? Oder haben Sie Milch in Ihr Regal gestellt und dann schnell noch die Schokolade vom Fernseher genommen, bevor sie schmilzt? Vielleicht haben Sie aber auch das Brot von der Fensterbank genommen und die Kneifzange vorm Fenster hängen lassen. Wie dem auch sei: Solche Bilder sind für die meisten von uns sehr einprägsam!

82

Sie können sich Wortkombinationen natürlich auch merken, indem Sie sie mit einem von Ihnen häufig zurückgelegten Weg verknüpfen, zum Beispiel dem Weg zur Arbeit oder der Strecke, die Sie meist mit Ihrem Hund zurücklegen. Hier gibt es sicher besonders markante Wegmarken, die sich hervorragend mit dem zu Merkenden verknüpfen lassen.

83

Vielleicht verknüpfen Sie das, was Sie sich einprägen wollen, auch mit den Dingen, die auf Ihrem Schreibtisch liegen. Dazu müssen Sie natürlich Ihren Schreibtisch gut vor Ihrem inneren Auge sehen.

84

Sie können die Dinge, an die Sie sich erinnern sollen, auch mit Details auf Ihrem Lieblingsbild verknüpfen oder mit den Kleidungsstücken, die Sie gerade tragen. Letztere Variante macht es Ihnen noch einfacher, denn Sie sehen die Kleidungsstücke vor sich.

85

Versuchen Sie nun erneut, sich die folgenden Wortkombinationen zu merken, indem Sie die Wörter in Gedanken mit anderen Dingen verknüpfen. Lassen Sie sich insgesamt etwa drei Minuten Zeit.

1. Trägerrock – Tanzbär – Autogurt – Tee – Algen – Erdbeeren
2. Versandtaschen – Schere – Orangensaft – Gurken – Kefir
3. Notenheft – Zahnpasta – Kopierpapier – Mousepad
4. Ingwer – Vanillezucker – Kerzen – Mineralwasser – Nüsse

86

Mit der Verknüpungstechnik sollten Sie sich nun auch folgende Liste einprägen, die etwas länger ist als die vorhergehenden Listen. Geben Sie sich zwei Minuten Zeit:

Disketten – Hammer – Frauenzeitschrift – Packpapier – Pizza – Weizenmehl – Zwieback – Salami – Heringssalat – Sparschwein – Kirschtorte – Armbanduhr – Bleistifte

Falls Ihnen bislang keines der eben genannten Beispiele, mit denen Sie etwas verknüpfen können, gefallen hat, lassen Sie sich doch einfach selbst etwas einfallen. Es muss ja nicht unbedingt Ihr Wohnzimmer sein, mit dem Sie Dinge, die Sie sich merken wollen, in Verbindung bringen!

88

Die Dinge, die im Kurzzeitgedächtnis eingeprägt werden, sind es in der Regel nicht wert, länger behalten zu werden. Haben sie ihren Zweck erfüllt (haben Sie zum Beispiel Ihren Einkauf hinter sich gebracht), dürfen Sie sie also ruhig wieder vergessen. Schließlich gibt es sicher schon bald wieder etwas Neues, für das Sie Ihr Kurzzeitgedächtnis benötigen.

89

Sich Zahlenreihen einzuprägen, fällt weitaus leichter, wenn man die Zahlen von 0 bis 9 mit Begriffen verknüpft. Die 0 können Sie zum Beispiel mit einem Kreis verknüpfen, denn so sieht sie ja fast aus. Die 1, das bin ich (= eine Person), die 2 sind Handschuhe (man benötigt zwei Stück), die 3 ist eine Gabel (drei Zinken!), für die 4 steht der Begriff Kompass (vier Himmelsrichtungen) und für die 5 steht die Hand mit den fünf Fingern.

90

Für die Zahl 6 könnten Sie eine Mutter einsetzen (der dicke Bauch der sechs steht für den Bauch einer schwangeren Frau), für die 7 könnte eine Brücke stehen (kennen Sie das Lied „Über sieben Brücken musst du gehn“?). Für die 8 setzen Sie zum Beispiel eine Biene ein (mit den Einschnürungen am Körper ähnelt sie einer Acht) und mit der 9 bringen Sie einen Dickkopf in Verbindung (die Neun hat auch einen dicken Kopf).

91

Wenn Sie möchten, erfinden Sie einen eigenen Zahlencode für die Zahlen 0 bis 9, denn ein eigener Code lässt sich immer leichter merken als der Code, der von einem anderen erfunden wurde. Probieren Sie es aus, es ist ganz leicht, sich einen solchen Code einzuprägen.

Haben Sie sich einen Code für die Zahlen 0 bis 9 eingeprägt, können Sie sich problemlos auch die längsten Telefonnummern (Kreditkartennummern, Kontonummern, Bankleitzahlen ...) merken. Zu den Ziffern einer Telefonnummer kommen Ihnen nämlich gleich Ihre Begriffe in den Sinn. Die Nummer 98 63 22 ist dann nicht mehr einfach eine Nummer, sondern hat zum Beispiel die Bedeutung „Dickkopf, Biene, Mutter, Gabel, Handschuhe, Handschuhe“.

93

Die Wortkombination „Dickkopf, Biene, Mutter, Gabel, Handschuhe, Handschuhe“ lässt sich leichter merken als die Telefonnummer 98 63 22 – vor allem, wenn Sie sie höchstpersönlich in Ihren ureigenen Zahlencode übersetzt haben.

94

Versuchen Sie nun, sich folgende Zahlenkombinationen mithilfe eines Zahlencodes zu merken. Am sinnvollsten ist es, Sie entwickeln Ihren eigenen Code, da dieser einprägsamer als ein „vorgekauter" ist.

52 24 66 98	87 52 45 65	25 49 63 25
25 36 89 74	25 65 32 65	22 57 78 65
65 76 54 43	30 87 47 65	11 74 54 36
21 21 32 89	58 58 26 91	39 78 82 16

Zur besseren Einprägung Ihres Zahlencodes nun noch ein paar längere Nummern zum Merken:

980904675121	8493654214	254221474121
654893214584	6591345719	781149654202

95

96

Falls Sie in die Verlegenheit kommen und sich Kombinationen aus Zahlen und Buchstaben einprägen müssen, ordnen Sie doch jedem Buchstaben des Alphabets einen Begriff zu, der mit genau diesem Buchstaben beginnt und der zudem noch sehr bildhaft ist. Für das A könnte zum Beispiel ein Apfel stehen, fürs B eine Banane, fürs C ein Cello und so weiter.

97

Hier noch ein paar besonders einprägsame Bilder, die für die Buchstaben des Alphabets stehen könnten:

D = Dachs	E = Esel	F = Fliege	G = Gans
H = Hund	I = Igel	J = Junge	K = Kuh
L = Laus	M = Mund	N = Nase	O = Ohr

98

Und hier nun die letzten Bilder des „anschaulichen“ Alphabets:

P = Po	Q = Qualle	R = Rentier	S = Stuhl
T = Tiger	U = Uhr	V = Vogel	W = Wanze
X = Xylophon	Y = Yak	Z = Zebra	

Natürlich ist es auch hier - genau wie bei den Zahlen - besser, Sie lassen sich selbst Bilder für die einzelnen Buchstaben einfallen. Der Grund: Wenn Sie sich eigene Gedanken über ein „bildhaftes Alphabet“ machen, behalten Sie es besser - die Bilder erscheinen sozusagen sofort vor Ihrem inneren Auge!

100

Und nun ein Test, wie gut Sie sich mithilfe Ihres Zahlen- und Buchstabencodes Kombinationen aus Zahlen und Buchstaben einprägen können. Nehmen Sie sich etwa vier Minuten Zeit für diese Übung.

Z 89 I 99 J 72	KK 57 NV 49 XQ 73	0 ICL 92 LG 41
65 98 IN MV 8	PA 50 71 CL MA 32	27 21 0 MC JG 2
32 54 GB DE 5	BC WD 82 20 NK 2	12 0 KS VO 98 H

101

Da Sie nun schon ein bisschen Übung darin haben, sich Buchstaben-Zahlen-Kombinationen zu merken, sollten die folgende Übung nur noch drei Minuten Ihrer Zeit beanspruchen:

O 99 82 JH MP 15	ZR 35 LQ AP 63	95 LC XS 34 21
HG 90 43 88 GH 8	BY UI 54 29 37 E	OJ AS 85 29 NC
SI MB 65 54 TK 58	GU CH 56 88 LF	NN OI 65 GG CD

102

Machen Sie sich nichts daraus, wenn Sie die vorhergehende Übung nicht in der vorgegebenen Zeit geschafft haben. Nehmen Sie sich lieber etwas mehr Zeit, arbeiten Sie dafür aber gründlich.

103

Je älter Sie sind, umso mehr Zeit werden Sie vermutlich brauchen, um die Übungen durchzuführen – es sei denn, Ihr Gedächtnis ist bereits durch andere Aufgaben (zum Beispiel aus dem Beruf) trainiert.

Nun kommen wir zu einer weiteren Verknüpfungstechnik. Wenn Sie eine Liste haben, nummerieren Sie die einzelnen Punkte der Liste durch. Verknüpfen Sie nun Ihr Zahlensymbol (zum Beispiel die Hand für die 5) mit dem dahinter stehenden Begriff.

104

Hier ein Beispiel für eine „Verknüpfungsliste“:

1. (= ich): 1 Kilo Möhren
2. (= Handschuhe): Eis
3. (= Gabel): saure Gurken

105

106

Zu den Verknüpfungen, die Sie anhand Ihrer Liste herstellen, könnte zum Beispiel gehören, dass Sie (ich) ein Kilo Möhren stemmen, mit Handschuhen Eis berühren und mit der Gabel saure Gurken essen.

107

Kommen Ihnen die Verknüpfungstechniken viel zu kompliziert vor? Meinen Sie, Sie müssten sich mehr merken als jemals zuvor? Probieren Sie es doch einfach aus! Wenn Ihnen diese Techniken, bei denen Sie bildhaft denken sollen, in Fleisch und Blut übergegangen sind, werden Sie sie nicht mehr missen wollen!

108

Versuchen Sie nun, sich die folgende Liste mit der eben beschriebenen Verknüpfungstechnik zu merken:

1. Ins Badezimmer gehen
2. Dem Kind die Windeln wechseln
3. Den Lottoschein ausfüllen
4. Steuern ans Finanzamt überweisen
5. Disketten kaufen
6. Ein Paket aufgeben

109

Auch bei dieser Verknüpfungstechnik prägen sich nicht alltägliche Bilder besser ein: Wechseln Sie dem Kind zum Beispiel mit Handschuhen die Windeln, damit es nicht friert, wenn Sie es berühren.

110

Die Symbole für die Zahlen können Ihnen in vielfacher Hinsicht hilfreich sein. Wenn Sie zum Beispiel für eine Prüfung lernen und mehrere Unterpunkte haben, können Sie sie einsetzen. Nummerieren Sie die Punkte, die Sie lernen wollen, und verknüpfen Sie das, was Sie lernen wollen, mit den Symbolen für die Zahlen.

111

Wenn Sie zum Beispiel etwas über Schnecken lernen wollen oder müssen, können Sie zum Beispiel folgende Unterpunkte aufstellen:

1. Eine Schnecke ist ein Weichtier.
2. Schnecken sind meistens zweigeschlechtlich.
3. Manche Schnecken haben Lungen, manche Kiemen.

Nun merken Sie sich die einzelnen Punkte durch Ihre Verknüpfung mit den Symbolen für die Zahlen. Ein Beispiel: Ich (als Symbol für die 1) trete auf eine Schnecke und sie fühlt sich weich (Weichtier) an.

112

Stellen Sie eine eigene Liste auf mit Dingen, die Sie lernen wollen. Versuchen Sie, das zu Lernende in knappe Unterpunkte zu unterteilen und nummerieren Sie diese durch. Falls Sie mehr als neun Unterpunkte haben, müssen Sie sich weitere Zahlensymbole für die folgenden Zahlen einfallen lassen, um die Unterpunkte mit den Symbolen zu verknüpfen.

113

Selbstverständlich lässt sich nicht alles, was man lernen will, in Unterpunkte unterteilen – viele Dinge sind dafür einfach zu komplex. Dennoch lohnt es sich, nach Bildern zu suchen, die das zu Lernende illustrieren. Denn auf diese Weise lassen sich auch komplizierte Sachverhalte besser behalten.

Langzeitgedächtnis

Manche Dinge sollten wir uns über einen längeren Zeitraum merken. Dazu gehören zum Beispiel die Namen und auch die Gesichter von Menschen, mit denen wir über kurz oder lang immer mal wieder etwas zu tun haben werden. Schließlich ist es ausgesprochen unangenehm, wenn man zum wiederholten Male nach dem Namen einer Person fragen muss oder sie gar mit einem falschen Namen anspricht. Auch Dinge oder Sachverhalte, die wir bei der Arbeit immer wieder brauchen, sollten ins Langzeitgedächtnis überführt werden, um sie nicht ständig nachschlagen zu müssen.

114

Bilder helfen uns nicht nur dabei, uns Dinge kurzzeitig einzuprägen, sie sind auch ein wichtiges Mittel, unserem Langzeitgedächtnis auf die Sprünge zu bringen. Manche Menschen können zudem die Dinge, die mit Gefühlen verknüpft sind, besser behalten. Hilfreich ist es daher, beim Lernen witzige Bilder „heraufzubeschwören" oder Bilder, die auf andere Weise unsere Gefühle berühren.

115

Wenn Sie zu der Gruppe von Menschen gehören sollten, die sich Dinge dann am besten einprägen, wenn sie sie anfassen, also im wahrsten Sinne des Wortes „begreifen“, sollten Sie versuchen, Ihr Lernmaterial nicht nur anschaulich, sondern möglichst „handfest“ aufzubereiten. Auf diese Weise wird Ihnen das Lernen sehr viel leichter fallen als bisher.

116

Einige Personen sind dann am besten in der Lage, etwas zu lernen, wenn sie den Lernstoff hören. Falls Sie zu dieser Personengruppe gehören, sollten Sie Ihren Lernstoff auf Kassetten aufsprechen und sich diese mehrfach anhören. Falls Sie den Stoff selbst nicht begreifen, lassen Sie ihn sich von anderen erklären.

117

Wenige Menschen können am besten lernen, wenn sie mit dem Lernstoff einen bestimmten Geruch oder Geschmack in Verbindung bringen. Wenn Sie unter diese Personengruppe fallen sollten, können Sie während des Lernens verschiedene Gerüche versprühen, um sich später besser an das Gelernte zu erinnern.

118

Egal, welcher Lerntyp Sie sind - mithilfe von interessanten, nicht alltäglichen oder witzigen Bildern können auch Sie sich Lernstoff langfristig einprägen.

119

Namen und dazugehörige Gesichter gehören zu den Dingen, die viele von uns sich nur schlecht einprägen können. Der erste Schritt, um sich Namen langfristig zu merken, besteht darin, den Namen eines Gegenüber mit offenen Sinnen aufzunehmen. Falls Ihr Gegenüber bei der Vorstellung also nuschelt oder sehr leise spricht, bitten Sie darum, dass der Name wiederholt wird – falls nötig, auch mehrmals.

120

Namen können Sie sich besonders gut einprägen, wenn Sie mit ihnen ein Bild verknüpfen. Wenn sich Ihnen also eine Frau Leuchte vorstellt, können Sie im Geiste bereits die große Leuchte sehen, die auf ihrem Kopf brennt. Bei einem Herrn Käse stellen Sie sich einfach ein großes Stück Käse vor, das er in der Hand hält oder das aus seinem Anzug ragt. Lernen Sie eine Frau Vogel kennen, könnte vor Ihrem inneren Auge ein kleiner (oder großer) Vogel erscheinen, der mit geschminktem Schnabel ein Liedchen pfeift.

121

Bei Namen, die eine Bedeutung besitzen, ist eine bildliche Verknüpfung in der Regel ausgesprochen leicht. Kennen Sie mehrere Menschen mit dem gleichen „sprechenden" Nachnamen (wie Müller), sollten Sie sich stets ein neues Bild einfallen lassen: Der eine Müller trägt zum Beispiel einen mit Mehl bestäubten Anzug, der andere mahlt kräftig mit seinen Zähnen.

Eine bildliche Verknüpfung mit einem Namen zu finden, ist schwieriger, wenn es sich nicht um einen „sprechenden“ Namen handelt. In diesem Fall können Sie den Namen in mehrere Silben aufteilen, die eine Bedeutung besitzen. Zur Not helfen Ihnen vielleicht auch Reime, um sich einen schwierigen Namen zu merken.

123

Ein paar Beispiele, wie Sie „schwierige“ Namen mit einem Bild verknüpfen:

Bei einer Frau Möhring könnten Sie sich vorstellen, dass diese einen Ring trägt, an dem zahlreiche Möhren hängen. Den Namen Dörries merken Sie sich vielleicht, wenn Sie an Dörrobst denken und an ein kleines Kind (ein „Es“), das dies Dörrobst verzehrt.

124

Gesichter können Sie sich am besten merken, indem Sie auf besonders hervorstechende Merkmale achten und sich diese einprägen. Bei der einen Person kann das die Nase sein, die wie ein Adlerschnabel gekrümmt ist, bei der anderen die schüttere Haarpracht. Selbst wenn Ihnen auf den ersten Blick nichts Besonderes auffällt, spätestens wenn die Person anfängt zu sprechen oder zu gestikulieren, werden Sie ein Merkmal finden, das diesen Menschen von anderen unterscheidet.

125

Etwas schwieriger wird es, wenn Sie Name und Gesicht miteinander in Verbindung bringen müssen. Nun müssen Sie ein Bild finden, das das hervorstechende äußere Merkmal mit dem Namen der jeweiligen Person beziehungsweise dem Bild verknüpft, das Sie sich von dem Namen gemacht haben.

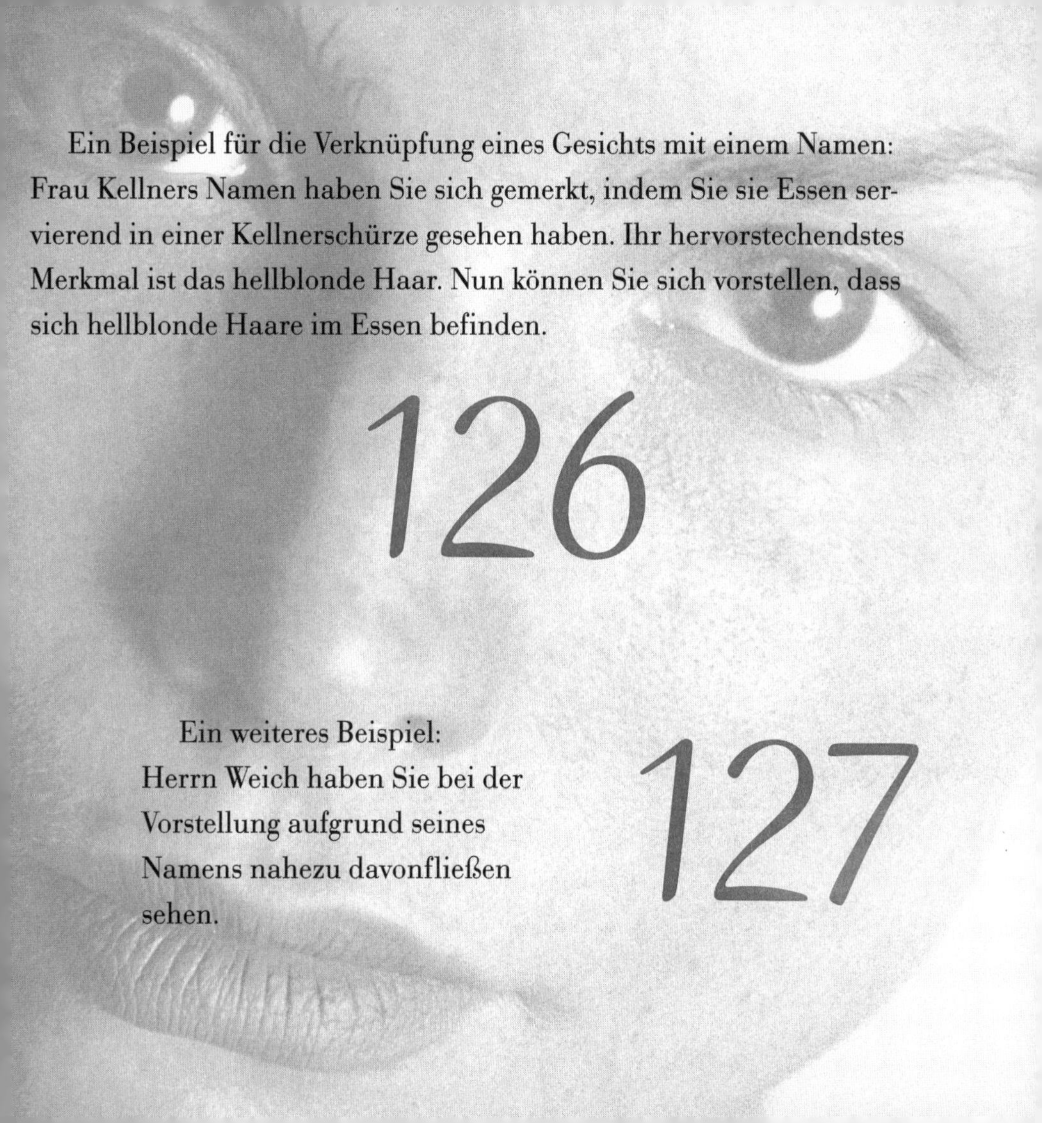

Ein Beispiel für die Verknüpfung eines Gesichts mit einem Namen: Frau Kellners Namen haben Sie sich gemerkt, indem Sie sie Essen servierend in einer Kellnerschürze gesehen haben. Ihr hervorstechendstes Merkmal ist das hellblonde Haar. Nun können Sie sich vorstellen, dass sich hellblonde Haare im Essen befinden.

126

Ein weiteres Beispiel: Herrn Weich haben Sie bei der Vorstellung aufgrund seines Namens nahezu davonfließen sehen.

127

Nehmen Sie sich nun eine Zeitung zur Hand – am besten eine Lokalzeitung. Wählen Sie zehn Fotos mit Personen aus, deren Namen in der Bildzeile genannt werden. Schauen Sie sich die Namen und Gesichter an, stellen Sie eine Verknüpfung zwischen den Namen und den Gesichtern her. Im Anschluss decken Sie die Bildzeilen ab und testen nun, ob Sie sich die Namen und die dazugehörigen Gesichter merken konnten.

128

129

Nach zwei Tagen wiederholen Sie die Übung 128 mit denselben Fotos. Die Bildzeilen dürfen Sie sich vorher jedoch nicht wieder ansehen. Mithilfe Ihrer bildlichen Verknüpfung zwischen Namen und Gesichtern sollte es Ihnen nun eigentlich gelungen sein, sich die Namen der einzelnen Personen gemerkt zu haben.

130

Nach zwei Wochen schauen Sie sich die Fotos aus Übung 128 erneut an. Kennen Sie die Namen der Personen immer noch?

131

Verraten Sie nie, aber wirklich niemals jemanden, mithilfe welcher Verknüpfungen Sie sich seinen Namen gemerkt haben. Ihr Gegenüber könnte beleidigt sein, wenn es weiß, dass Sie einen „Trick“ brauchten, um sich seinen Namen zu merken.

Manche Dinge muss man sich über einen längeren Zeitraum merken – wichtige Termine beispielsweise werden häufig schon Wochen, manchmal Monate im Voraus gemacht. Falls Sie nicht alle Termine akribisch notieren wollen, sollten Sie einmal versuchen, sie mit Bildern zu verknüpfen.

132

133

Um sich Termine zu merken, ist es am sinnvollsten, sie zunächst in der Reihenfolge zu gliedern, in der sie abgearbeitet werden müssen. Der erste Termin bekommt die Kennziffer 1, der zweite die 2 und so weiter. Die Zahlen von 1 bis 9 (oder noch mehr) werden nun mit Symbolen versehen, wie Sie sie vielleicht schon aus dem Kurzzeitgedächtnistraining kennen. Für die 1 steht das Ich (= eine Person), für die 2 die Handschuhe (zwei Stück), für die 3 die Gabel (drei Zinken), für die 4 ein Kompass, für die 5 eine Hand, für die 6 die Mutter, für die 7 eine Brücke, für die 8 eine Biene und für die 9 ein Dickkopf.

134

Nach der Nummerierung der Termine verknüpfen Sie sie nun mit dem Symbol, das dem jeweiligen Gliederungspunkt entspricht. Wenn Sie zum Beispiel unter Punkt 2 das Geschäftsessen am Freitag mit Herrn Koch vermerkt haben, könnte Ihre Verknüpfung folgendermaßen aussehen: Herr Koch trägt Handschuhe, weil er am Freitag ein sehr heißes Gericht aus dem Ofen holt. Wenn Sie nun an die Handschuhe denken, wird sofort Herr Koch vor Ihren Augen auftauchen!

135

Merken Sie sich nun folgende Termine mit der eben beschriebenen Technik und rufen Sie sie drei Tage später aus dem Gedächtnis ab:

1. Computerschulung am Dienstag.
2. Fußballmatch von Sohn Max am Samstag.
3. Sonntag Kaffeetrinken bei Tante Hermine.
4. Mittwoch nächster Woche Termin beim Chef.

136

Versuchen Sie nun, die Liste aus Übung 135 drei Tage nach dem Einprägen in umgekehrter Reihenfolge wiederzugeben.

137

Geben Sie die Liste aus Übung 135 vier Tage nach dem Einprägen in willkürlicher Reihenfolge wieder. Sie werden sehen, durch die Verknüpfung mit den Symbolen ist dies überhaupt kein Problem für Sie!

138

Stellen Sie nun Ihre eigene Liste mit mindestens zehn Terminen auf und prägen Sie sie sich mithilfe von zugeordneten Zahlen und den jeweils dazugehörigen Symbolen ein. Versuchen Sie, sich diese Liste nach etwa einer Woche wieder ins Gedächtnis zu rufen. Mit ein wenig Übung werden Sie auf diese Weise keine Termine mehr vergessen, selbst wenn sie nicht im Terminkalender stehen.

139

Mithilfe der Symbole für die Zahlen können Sie sich auch merken, zu welcher Zeit Sie einen Termin haben oder wann der Zug abfährt, der Sie zu einem wichtigen Termin bringen wird. Wenn Letzterer zum Beispiel um 15.34 Uhr fährt, merken Sie sich einen Zug, der mit Ihnen beladen ist und eine Hand, die eine Gabel hält, mit der sie auf einen Kompass einsticht.

140

Vielleicht erscheint es Ihnen zunächst ein wenig schwierig, mithilfe der Bilder für die Zahlen kleine Geschichten zu erfinden, um sich Dinge besser zu merken. Mit ein wenig Übung werden Sie jedoch merken, dass davon auch Ihre Fantasie profitiert.

141

Auch Argumentationsketten lassen sich mithilfe der Bilder für die Zahlen leichter einprägen. Probieren Sie es doch bei der nächsten (von Ihnen vorbereiteten) Diskussion einmal aus.

142

Telefonnummern lassen sich mithilfe der Zahlenbilder auch ganz einfach ins Langzeitgedächtnis überführen.

143

Die Namen zu den Telefonnummern, die Sie sich mithilfe der Zahlenbilder eingeprägt haben, merken Sie sich ebenfalls durch bildhaftes Denken. Hat ein Herr Lenkross zum Beispiel die Telefonnummer 2 43 35, könnten Sie sich einen Mann mit einem Lenkrad auf einem hohen Ross vorstellen, der Handschuhe trägt und mit einem Kompass auf zwei Gabeln einschlägt und sich mit diesen dann in die Hand sticht. Zugegeben, ein etwas befremdliches Bild, aber ein einprägsames (zumindest, wenn man es sich ausgedacht hat!).

Wichtige Prüfungen lassen sich durch bildhaftes Vorstellungsvermögen ebenfalls leichter vorbereiten. Fertigen Sie eine ausreichend große Schautafel an, die sämtliche Oberbegriffe enthält, zu denen Sie in der Prüfung befragt werden könnten. Auch alle Unterpunkte kommen in diese Schautafel. Dieses Schaubild werden Sie während der Prüfung vor Augen haben.

144

145

Während Sie für Ihre Prüfung lernen, haben Sie das Schaubild aus Tipp 144 ständig vor sich. All das, was Sie an Informationen aufnehmen, ordnen Sie gedanklich einem Oberbegriff und dem dazugehörigen Unterpunkt zu. Auf diese Weise legen Sie sozusagen im Kopf kleine Schubladen für das aufgenommene Wissen an, die Sie während der Prüfung „nur“ wieder aufziehen müssen, um das Wissen abzurufen.

146

Den Lernstoff selbst sollten Sie auch in Bilder übertragen – versuchen Sie also, den Lernstoff so weit wie möglich zu visualisieren (zum Beispiel mithilfe der Zahlenbilder), um ihn später leichter wieder abrufen zu können.

147

Während des Lernens prägt sich Ihnen Ihr Schaubild immer besser ein – ob Sie es wollen oder nicht. In der Prüfung können Sie Fragen den jeweiligen Oberbegriffen und Unterpunkten zuordnen und im übertragenen Sinn die „Schubladen“ aufziehen, in denen Sie den Lernstoff gespeichert haben. Da Sie diesen ebenfalls in Bilder übersetzt haben, ist er leichter abzurufen.

148

Ohne gelernt zu haben, kommen Sie natürlich auch mit einem Schaubild in einer Prüfung nicht weit.

149

Falls es Ihnen hilft, können Sie für Ihre Prüfung anstelle Ihres Schaubilds auch ein kleines Buch mit nummerierten Seiten anlegen, in das Sie die wesentlichen Oberbegriffe und Unterpunkte eingetragen haben. Während der Prüfung rufen Sie sich dieses Büchlein vor Augen und sind so eher in der Lage, Ihr Wissen abzurufen.

150

Bevor Sie mit einem Schaubild arbeiten, das Ihnen bei einer Prüfung helfen soll, müssen Sie Ihr Gehirn darauf trainiert haben, in Bildern zu denken. Ansonsten wird Ihnen solch ein Schaubild vermutlich nicht weiterhelfen.

151

Trainieren können Sie Ihr bildhaftes Vorstellungsvermögen täglich: Sehen Sie sich einfach Ihren Küchentisch, Ihren Schreibtisch oder sonst einen Tisch, auf dem sich einige Gegenstände befinden, eine Minute lang an. Zeichnen Sie dann aus dem Gedächtnis ein Bild von dem Tisch mit den darauf liegenden Dingen.

152

Am folgenden Tag prägen Sie sich den Tisch und die darauf liegenden Utensilien erneut ein. Notieren Sie dann alle Veränderungen zum vorhergehenden Tag und vergleichen Sie Ihre Notizen mit der Zeichnung vom Vortag. Sind Ihnen alle Veränderungen aufgefallen?

153

Die meisten von uns kommen irgendwann einmal in die „Verlegenheit“, eine Rede halten zu müssen – sei es bei einer geschäftlichen Sitzung oder bei einer Familienfeier. Eine solche Rede wirkt am besten, wenn sie frei, das heißt ohne Manuskript, gehalten wird. Eine freie Rede können auch Sie halten, wenn Sie vorher die wichtigsten Gliederungspunkte der Rede mit bestimmten Punkten im Raum, in dem Sie reden werden, verknüpfen.

Sehen Sie sich den Raum, in dem Sie eine Rede halten, vorher genau an. Unterteilen Sie Ihre Rede zudem in Gliederungspunkte. Die einzelnen Gliederungspunkte bringen Sie nun mit jeweils einem Punkt im Raum in Verbindung, die Eröffnung der Rede (Gliederungspunkt 1) zum Beispiel mit dem Rednerpult, Gliederungspunkt 2 der Rede mit der linken Wand des Raumes und so weiter.

154

155

Die Punkte des Raums, die der Unterstützung Ihrer Rede dienen, sollten in ihrer Reihenfolge am besten der Blickrichtung folgen – auf diese Weise vergessen Sie keinen Gliederungspunkt Ihrer Rede. Wenn Sie bei der Rede ins Stocken geraten sollten, brauchen Sie nur Ihren Blick auf den folgenden Punkt zu konzentrieren, dann wird Ihnen sicher auch der nächste Gliederungspunkt Ihrer Rede einfallen.

156

Auch Prüfungsstoff können Sie auf die Art und Weise lernen, wie Sie sich Ihre Rede eingeprägt haben. Sehen Sie sich den Raum der jeweiligen Prüfung vorher gut an und teilen Sie verschiedenen Punkten in diesem Raum unterschiedliche Wissensgebiete zu.

157

Lassen Sie sich während der Prüfung einfach durch den Prüfungsraum an den gelernten Stoff erinnern! Sie sind auch viel weniger nervös, wenn Sie nicht zu sehr auf den Prüfer achten.

158

Vokabeln lernen – ein Horror für die meisten Menschen! Vereinfachen Sie sich das Lernen von fremdsprachigen Wörtern doch einfach durch das Anlegen einer Lernkartei. Ganz egal, ob Sie diese Kartei am Computer anlegen oder sie auf Karteikärtchen eintragen und in kleine Kästen ordnen – schon allein durch das Anlegen der Kartei bleiben zahlreiche Vokabeln im Gedächtnis „hängen“.

159

Beim Anlegen einer Kartei mit Karteikarten schreiben Sie Vokabeln, die Sie lernen müssen, auf die Vorderseite der Karte (nicht mehr als zwei oder drei Vokabeln pro Karte). Auf der Rückseite verzeichnen Sie die Lösungen. Weiterhin legen Sie sich vier bis fünf Karteikästen an (durchnummerieren von eins bis vier oder fünf), von denen zunächst nur Kasten 1 mit Karten bestückt wird.

160

Gehen Sie nun zum Vokabelnlernen die Karten aus Karteikasten 1 systematisch durch. Wenn Sie die Vokabeln einer Karte übersetzen konnten, kommt diese Karte ins Karteikästchen mit der Nummer 2. Dieses Kästchen beinhaltet nun also Karten mit Vokabeln, die Sie bereits in Ihrem Gedächtnis abgespeichert haben. Diese brauchen Sie am folgenden Tag nicht zu wiederholen. Die Vokabeln aus Kasten 1 müssen Sie am nächsten Tag erneut durchgehen.

161

Damit die Vokabeln aus Kasten 2 auch weiterhin in Ihrem Gedächtnis präsent bleiben, schauen Sie sich die einzelnen Karten am dritten Tag wieder an (die Vokabeln aus Kasten 1 werden täglich abgefragt). Konnten Sie die Vokabeln einer Karte immer noch übersetzen, so wandert diese in Kasten 3. Die Karten aus Kasten 3 werden dann erst nach einer Woche wieder durchgegangen.

162

Und so geht es immer weiter: Die Vokabeln aus Kasten 1 werden täglich abgefragt, die aus Kasten 2 jeden dritten Tag, die aus Kasten 3 jede Woche, die aus Kasten 4 alle zwei Wochen und die aus Kasten 5 alle vier Wochen. Wenn Sie Karten aus Kasten 5 „herauswerfen", können Sie sicher sein, die darauf stehenden Vokabeln im Gedächtnis abgespeichert zu haben.

163

Ein weiterer Tipp zum Vokabelnlernen: Auch hier hilft es, wenn Sie mit den einzelnen Vokabeln Bilder verknüpfen. Müssen Sie zum Beispiel das Wort „Haus" in einer fremden Sprache erlernen, stellen Sie sich in Gedanken zur fremdsprachigen Vokabel ein Haus vor, das Ihren Vorstellungen eines schönen Hauses nahe kommt. Dieses Bild wird vor Ihrem inneren Auge erscheinen, wenn Sie das fremdsprachige Wort hören.

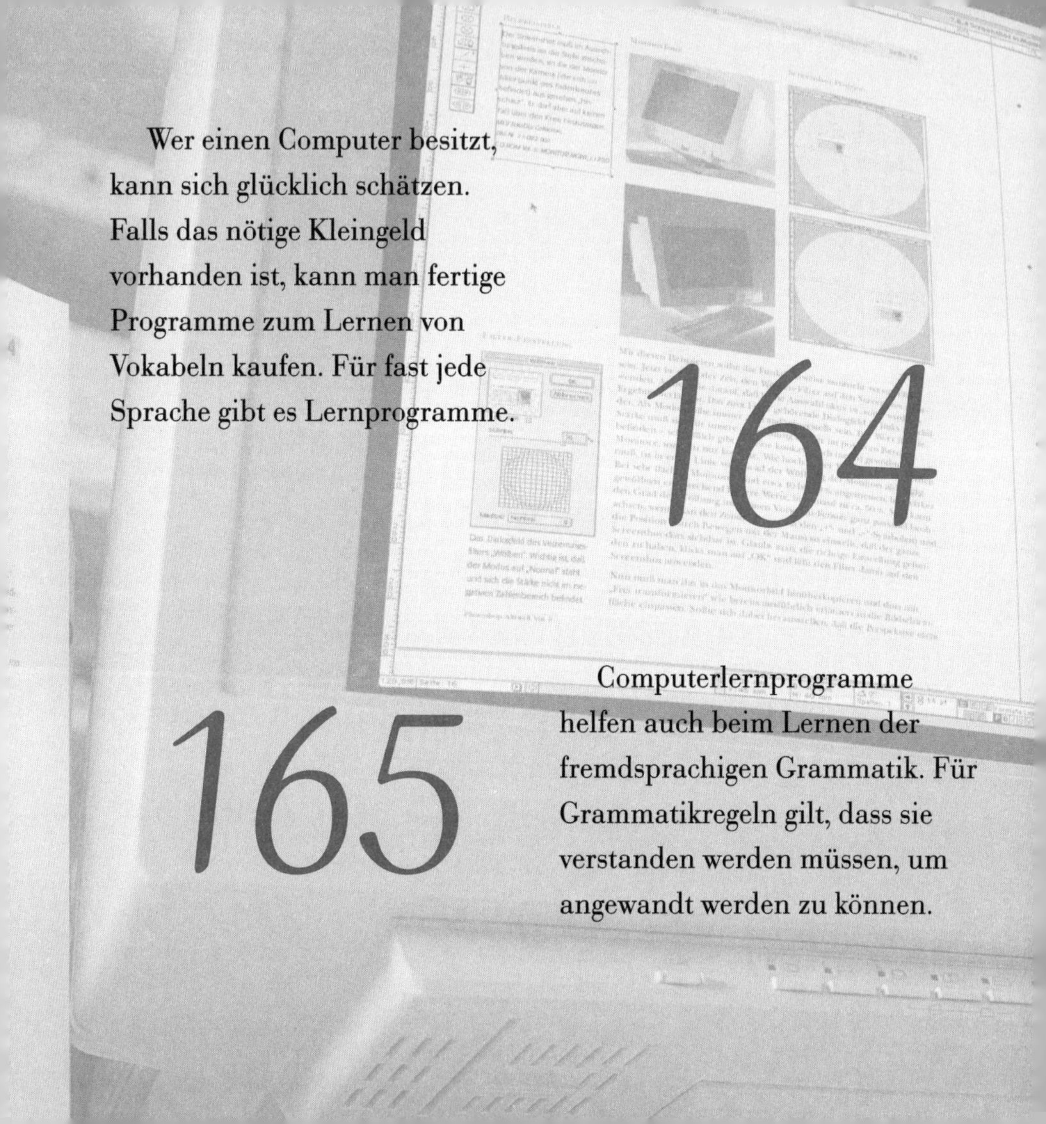

164

Wer einen Computer besitzt, kann sich glücklich schätzen. Falls das nötige Kleingeld vorhanden ist, kann man fertige Programme zum Lernen von Vokabeln kaufen. Für fast jede Sprache gibt es Lernprogramme.

165

Computerlernprogramme helfen auch beim Lernen der fremdsprachigen Grammatik. Für Grammatikregeln gilt, dass sie verstanden werden müssen, um angewandt werden zu können.

166

Wer einen Anreiz für das Lernen von Vokabeln braucht, kann die verschiedenen Vokabeln nach Einsatzbereichen ordnen, zum Beispiel in Wörter, die für den Einkauf nötig sind, in Vokabeln, die für die Arbeit gebraucht werden, oder in Wörter, die sich für den Flirt eignen. Auf diese Weise wird sofort der Nutzen des Lernens klar und die Motivation für das Lernen erhöht sich.

167

Sinnvoll ist es, sich Vokabeln in größeren Zusammenhängen zu merken – sie werden dadurch leichter abrufbar. Ein Beispiel: Wer sich das Wort „Familie“ in einer Fremdsprache einprägt, sollte sich gleichzeitig auch die Wörter „Mutter“, „Vater“, „Kinder“, „Sohn“, „Tochter“ und so weiter merken. Am besten, Sie schreiben solche zusammenhängenden Begriffe auf ein und dieselbe Karteikarte, um sie zu lernen.

168

Alles, was über das Lernen von Vokabeln gesagt wurde, gilt auch für das Lernen von Fremdwörtern. Vor allem während eines Studiums muss man sich zahlreiche Fremdwörter einprägen. Es lohnt sich, diese auf Karteikarten zu verzeichnen und zu lernen.

169

Mathematische Formeln (zum Beispiel die binomische Formel oder den Satz des Pythagoras) lassen sich ebenfalls mithilfe von Karteikarten oder Computerprogrammen erlernen.

170

Sogar erd- oder gemeinschaftskundliche Informationen lassen sich auf Karteikarten speichern und auf diese Weise besser erlernen. Die einzelnen Punkte müssen nur knapp genug zusammengefasst werden.

171

Vor einer Prüfung können zur Sicherheit noch einmal alle auf Karteikarten gespeicherten Informationen durchgegangen werden. Das ist viel einfacher, als nochmals verschiedene Bücher „wälzen“ zu müssen.

172

Um sich Abfolgen von Begriffen zu merken, ist es hilfreich, die Anfangsbuchstaben dieser Begriffe zu einem neuen Wort zusammenzufügen (natürlich müssen die Anfangsbuchstaben in der richtigen Reihenfolge hintereinander stehen bleiben). Dabei ergeben sich dann zwar manchmal unaussprechliche (und schlecht einprägsame) Lautkombinationen wie „MJGZRT“, diese können jedoch durch Vokale gefüllt werden (zum Beispiel zu „MAJOGZERT“), sodass sich das Ganze besser merken lässt.

173

Auch Eselsbrücken helfen uns dabei, schlecht einprägsame Dinge besser im Gedächtnis zu behalten. Bestimmt kennen auch Sie einen Merksatz, um sich die Noten der C-Dur-Tonleiter einzuprägen, oder etwa nicht?

174

Auch Reime helfen, um sich Dinge zu merken. Wenn Sie also feststellen, dass Sie bestimmte Begriffe nur schlecht behalten können, machen Sie doch einfach einen witzigen Reim auf diesen Begriff. Bei Fremdwörtern könnte der Reim das Fremdwort beispielsweise sogar noch erklären. Das Ganze macht zwar etwas Arbeit, lohnt sich aber – Sie werden den Begriff so rasch nicht mehr vergessen!

175

Auch Namen lassen sich durch Reime vielfach besser behalten. Vor allem bei unaussprechlichen und daher nur schlecht einprägsamen Namen ist es sinnvoll, einen passenden Reim auf den Namen zu finden. Vielleicht passt der Reim sogar noch zum Namensträger?

176

Sachverhalte, die Sie sich unbedingt merken wollen, sollten Sie in Zusammenhang zu etwas bringen, über das Sie sehr gut Bescheid wissen. Es wird dann als Zusatzinformation zu diesem „Spezialgebiet“ gespeichert.

177

Lernstoff, der auf Karteikarten gespeichert ist, lässt sich noch besser lernen, wenn man passende Fotos dazuklebt oder treffende Bildchen dazumalt. Diese Technik eignet sich besonders für Menschen, denen es schwer fällt, einzig vor ihrem inneren Auge Bilder zu erschaffen.

Nach der Aufnahme von Informationen (beim Lernen nach der Aufnahme einzelner Sachverhalte) sollten Sie stets eine kurze Pause einlegen, um das Aufgenommene „sacken“ zu lassen. Auf diese Weise prägt es sich Ihnen besser ein.

178

179

Lernstoff behalten Sie dann besonders gut, wenn Sie das Gelernte auch anwenden können. Wer zum Beispiel eine Sprache lernt, behält die Vokabeln eher und versteht auch die Grammatik besser, wenn er die Möglichkeit hat, mit anderen in dieser Sprache zu sprechen.

180

Viele theoretische Informationen „schreien" geradezu nach der Anwendung in der Praxis. Wer nur in der Theorie lernt, ein Auto zu reparieren, wird dies niemals so gut beherrschen können wie jemand, der den ganzen Tag an Autos herumschraubt.

181

Versuchen Sie möglichst oft, Lernstoff in Handlungen umzusetzen – und wenn Sie den Lernstoff nur in Unterpunkte untergliedern und die wichtigsten Punkte herausziehen. So prägen Sie sich alles besser ein!

182

Über den Lernstoff mit anderen zu reden, bringt häufig mehr als stundenlanges, stures Einpauken. Im weitesten Sinne wenden Sie den Lernstoff dabei an – Sie wandeln ihn in eine Handlung um, die besser im Gedächtnis haften bleibt.

183

Sie können auch mit sich selbst über den Lernstoff reden. Das mag Ihnen vielleicht anfangs merkwürdig vorkommen, doch wenn Sie feststellen, dass Sie sich auf diese Weise Dinge besser einprägen, werden Sie sicher nicht mehr über diesen Vorschlag lächeln.

Konzentration

Eng mit der Gedächtnisleistung hängt auch die Fähigkeit zur Konzentration zusammen – wer sich gut konzentrieren kann, ist besser in der Lage, sich Informationen einzuprägen. Es lohnt sich daher immer auch, die Konzentrationsfähigkeit zu trainieren. Übertreiben Sie es anfangs jedoch nicht – üben Sie nur so lange, wie es wirklich geht! Wer zu lange trainiert, dem schwirrt hinterher nämlich nur der Kopf und die Erholungspause muss umso länger ausfallen!

184

Die Fähigkeit, sich zu konzentrieren, ist bei den Menschen unterschiedlich stark ausgeprägt. Eines haben jedoch alle gemeinsam: Nach langen Phasen der Konzentration braucht das Gehirn eine Pause. Denken Sie daran, Ihrem Gehirn ebenfalls immer mal wieder eine Pause zu gönnen, wenn Sie mit dem Training begonnen haben.

185

Bei der folgenden Übung geht es darum, aus zwei untereinander stehenden Buchstabenfolgen die jeweils unterschiedlichen Buchstaben herauszusuchen. Unterstreichen Sie sie und versuchen Sie, die Aufgabe in 30 Sekunden zu lösen.

KJVBB	LJHGN	LCNOP	MASKJ	PLNWQ
KJIBB	LTHGN	LQNOP	MASMJ	ULNWQ
JHGBN	WAXHJ	MLKWE	SWRPU	YRWRT
JKGBN	WAXZJ	NLKWE	SWRPI	YRMRT

186

In den folgenden (längeren) Buchstabenkombinationen verbirgt sich ebenfalls eine Unstimmigkeit zwischen der oberen und der unteren Zeile. Unterstreichen Sie sie. Sie haben 40 Sekunden Zeit.

JHCMKLJ	BCIKWLJ	ALKJHBC	KDNEIDH	KDNFKEI
JKCMKLJ	BCUKWLJ	ALKJHBS	KTNEIDH	KDLFKEI

NPRKNBI	GFSCVOP	LBPIEAY	AIUEPOI	YIOLKJH
NERKNBI	GFSCXOP	LPPIEAY	AIUUPOI	YIOLLJH

187

Und wieder Buchstabenkombinationen mit Unstimmigkeiten. Lassen Sie sich 20 Sekunden Zeit.

ZUASDLJ	LKNCLP	SREPJEW
ZUAZDLJ	LHNCLP	SREBJEW
PKJPLN	NXMLJK	AQWBXYD
PNJPLN	NYMLJK	ATWBXYD

188

Bei den vorhergehenden Konzentrationsübungen ging es nur darum, rasch zu erfassen, wo die Unstimmigkeit liegt. Dabei müssen Sie nicht groß nachdenken, nur gründlich gucken.

189

Nun streichen Sie bei der folgenden Zahlenreihe die ungeraden Zahlen an. Nehmen Sie sich 30 Sekunden Zeit.

89 65 90 76 65 32 12 89 44 99 86 99 54
21 96 32 14 77 31 97 56 41 21 38 92 11
20 10 71 13 54 45 87 74 54 34 68 75 21
21 41 32 65 44 48 74 71 15 28 65 73 80

190

Auch bei der folgenden Zahlenreihe kennzeichnen Sie alle ungeraden Zahlen. Nehmen Sie sich ebenfalls 30 Sekunden Zeit.

784 212 101 369 857 210 321 258 147 652 632
987 523 321 254 586 374 512 120 785 214 987
578 415 783 462 132 233 745 214 258 865 911
874 652 147 475 678 927 531 365 328 695 710

191

Markieren Sie auch bei der folgenden Zahlenreihe alle ungeraden Zahlen (Zeit: 20 Sekunden).

8754 1452 1257 6547 2147 5465
8798 4512 3269 5415 2478 9874
9654 5458 2874 1478 5447 3695

192

Ein kleiner Tipp, wie Sie die ungeraden Zahlen rascher erkennen: Sie brauchen sich nicht die ganze (womöglich sehr lange) Zahl anzusehen. Es reicht aus, wenn Sie sich die letzte Ziffer anschauen, denn diese ist ausschlaggebend.

193

Unterstreichen Sie in der folgenden Zahlenreihe alle Primzahlen (Zahlen, die nur durch eins und sich selbst teilbar sind). Sie sollten sich 30 Sekunden Zeit lassen.

99 71 90 21 32 35 19 12
77 75 64 33 13 98 81 16
93 111 23 96 55 51 3 87
6 88 115 7 65 24 37 94

Lösung: 71, 19, 13, 23, 3, 7, 37

194

Ein Tipp für die Suche nach Primzahlen: Es kann sich (mit Ausnahme der 2) nie um gerade Zahlen handeln, denn diese sind stets durch 2 teilbar. Lassen Sie die geraden Zahlen daher bei Ihrer Suche von vornherein außer Acht – Sie halten sich sonst nur unnötig lang auf!

195

Die untereinander stehenden Zahlen unterscheiden sich in einer Stelle. Markieren Sie sie (Zeit: 20 Sekunden).

154798	244756	575896	987623
144798	254756	575866	987923

698735	579452	335698	654741
698745	578452	325698	654751

196

Ähnliche Aufgaben wie die vorhergehenden finden Sie auch häufig in Einstellungstests. Damit soll Ihre Fähigkeit getestet werden, sich in einer Stresssituation zu konzentrieren. Je geübter Sie mit solchen Aufgaben sind, umso besser sind Sie in der Lage, sie rasch zu lösen.

197

Kennzeichnen Sie in der folgenden Buchstabenreihe die Buchstaben b, p und q (Zeit: 20 Sekunden):

pbhgwqpbfgjdbqlonyxqofpk
bjhizxsqkbpiuxlkjhrofhpbhu
lmnbporgfiqzurhpbaysjpbqhj

Unterstreichen Sie in den folgenden Zahlenreihen die Zahlen 2 und 3 (Zeit: 60 Sekunden).

5487895421354563259876541256936512547841587 45

2154632145232562365897895452554410230178922 14

6554123212101258745214996366963325875478542125

2321458701230325698562311474414787845983243224

198

199

In den folgenden Buchstabenreihe unterstreichen Sie die Buchstaben h und m. Nehmen Sie sich 40 Sekunden Zeit.

lkjmnhuizknxgdzehkdbnmkllohjiuzhn
opiuzehbcghnmkfjasyxsgfdvxtehdjngm
oiuejdbhjknhcbdgetzthgdbcmkjhguirtg
kjhncheuhenmnbhgyscvdfretwrfdhjebd

200

Unterstreichen Sie die Zahlen 0 und 6 in den folgenden Zahlenreihen. Lassen Sie sich 40 Sekunden Zeit.

65201478451472001236528995421258742145874122548023625

25897541201452865236985421452587411250256221660235689

21478454120112012563699884754785426200214526525421458

Sie sollten mittlerweile einen Fortschritt in Ihrer Konzentrationsfähigkeit festgestellt haben. Vielleicht schaffen Sie es ja jetzt sogar in einer geringeren als der angegebenen Zeit, die Aufgaben zu lösen! Wenn nicht, machen Sie sich nichts draus. Ihr Gehirn benötigt noch etwas mehr Übung.

201

202

Lösen Sie die folgenden Rechenaufgaben in 40 Sekunden:

a) 8+3–2	b) 7–2+3	c) 2+8–3	d) 6+7+3
e) 3*2–6	f) 4*3+5	g) 8*2–9	h) 3*3–5
i) 21–5+7	j) 16+8+3	k) 4+7–4	l) 3+6+3

Lösung: a) 9 b) 8 c) 7 d) 16 e) 0 f) 17 g) 7 h) 4
i) 23 j) 27 k) 7 l) 12

203

Lösen Sie die folgenden Rechenaufgaben in 30 Sekunden:

a) 2+2+2 b) 9-3+2 c) 7+4+2 d) 6-2+3 e) 5+9+6

f) 8-2+5 g) 9-5+2 h) 3-4+6 i) 1+4+3 j) 4-2+9

Lösung: a) 6 b) 8 c 13 d) 7 e) 20
f) 11 g) 6 h) 5 i) 8 j) 11

204

Lösen Sie die folgenden Rechenaufgaben in 30 Sekunden:

a) 8*2+3 b) 6+9-3 c) 9-5+7 d) 2*3*2 e) 8*3+5

f) 6*7-5 g) 9*4-2 h) (1+6)*3 i) 7*3-5 j) 7*4+6

Lösungen: a) 19 b) 12 c) 11 d) 12 e) 29 f) 37 g) 34 h) 21 i) 16 j) 34

205

Lösen Sie häufiger einmal kleine Rechenaufgaben, die Sie sich selbst stellen, im Kopf. Damit können Sie sich zum Beispiel die Wartezeit beim Arzt vertreiben.

206

Üben Sie hin und wieder das kleine Einmaleins. Sie haben bestimmt schon das ein oder andere Ergebnis vergessen – frischen Sie Ihr (Grundschul)wissen auf!

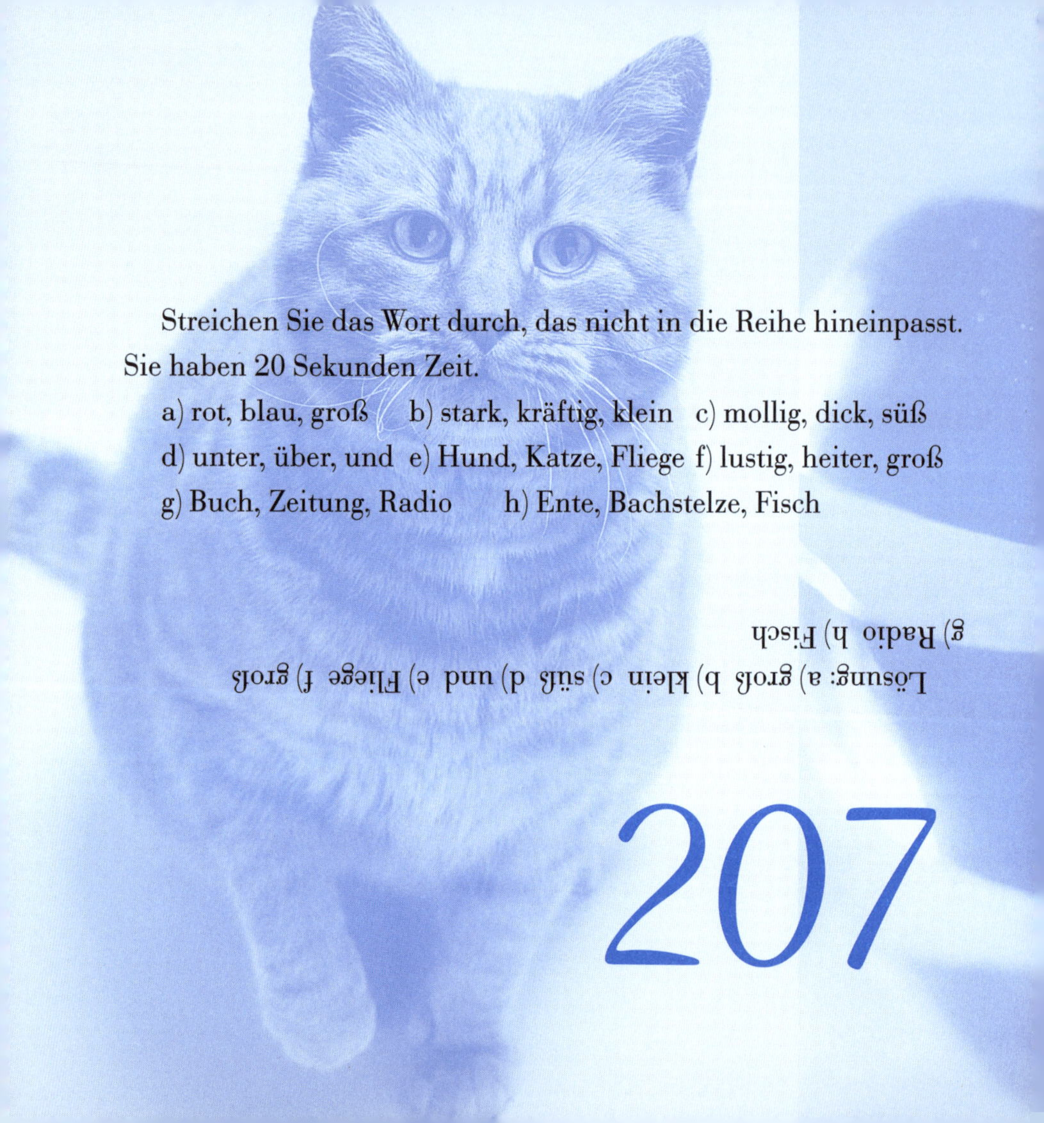

Streichen Sie das Wort durch, das nicht in die Reihe hineinpasst. Sie haben 20 Sekunden Zeit.

a) rot, blau, groß b) stark, kräftig, klein c) mollig, dick, süß d) unter, über, und e) Hund, Katze, Fliege f) lustig, heiter, groß g) Buch, Zeitung, Radio h) Ente, Bachstelze, Fisch

Lösung: a) groß b) klein c) süß d) und e) Fliege f) groß g) Radio h) Fisch

207

208

Welches Wort passt jeweils nicht dazu (Zeit: 20 Sekunden)?

a) Ton, Laut, Krach, Notenschlüssel b) Buch, Seite, Buchstabe, Seitenzahl c) Möhre, Apfel, Gurke, Blumenkohl d) Maus, Schlange, Eichhörnchen, Hase e) Wasser, Feuer, Luft, Nacht f) in, um, im, sind

Lösung: a) Notenschlüssel b) Seitenzahl c) Apfel d) Schlange e) Nacht f) sind

209

Bei den nächsten Übungen sollen Sie Wortanalogien bilden. Ihnen wird jeweils ein Wortpaar vorgegeben, das in einem bestimmten Verhältnis zueinander steht, zum Beispiel lang : kurz. Lang ist das Gegenteil von kurz. Sie sollen anschließend aus einer Reihe von Wörtern einen Begriff finden, der zu einem weiteren Wort in dem gleichen Verhältnis steht.

210

Finden Sie die Analogien zu den Begriffen (Zeit: 20 Sekunden).

1) faul : fleißig = schnell : ?

a) rasant b) langsam c) lahm

2) hopsen : springen = gehen : ?

a) laufen b) fahren c) fliegen

3) Hund : bellen = Telefon : ?

a) klingeln b) wählen c) anrufen

Lösung: 1b, 2a, 3a

211

Wortanalogien zu finden, schult nicht nur Ihre Konzentrationsfähigkeit, sondern auch Ihr Gefühl für Sprache.

212

Finden Sie die passenden Wortanalogien (Zeit: 30 Sekunden).

1) Buch : Seite = Musik-CD : ? a) Note b) Lied c) Computer

2) Muschel : Wasser = Vogel : ? a) Himmel b) Luft c) Feuer

3) Erpel : Ente = Frau : ? a) Mann b) Hund c) Kind d) Katze

4) Auto : Rad = Computer : ? a) Diskette b) Festplatte c) Internet

5) Furcht : Angst = flüstern : ? a) schreien b) wispern c) tanzen

Lösung: 1b, 2b, 3a, 4b, 5a

213

Und noch einmal: Finden Sie die Wortanalogien (Zeit: 15 Sekunden).

1) riesig : winzig = groß : ?

a) laut b) klein c) schmal d) dünn

2) Kopf : Haare = Garten : ?

a) Pflanzen b) Erde c) Würmer

3) Arzt : Sprechstunde = Laden : ?

a) Öffnungszeiten b) Einkauf c) Tür

Lösung: 1b, 2a, 3a

214

Immer beliebter sind Quizsendungen im Fernsehen, bei denen man die richtige Antwort auf eine Frage aus verschiedenen Antwortmöglichkeiten heraussuchen muss. Vielfach sind diese Fragen ausgesprochen einfach zu beantworten, man muss sich nur genügend konzentrieren. Bei den folgenden Übungen sollen Sie so rasch wie möglich aus verschiedenen Antwortmöglichkeiten die richtige auswählen – je schneller, desto besser!

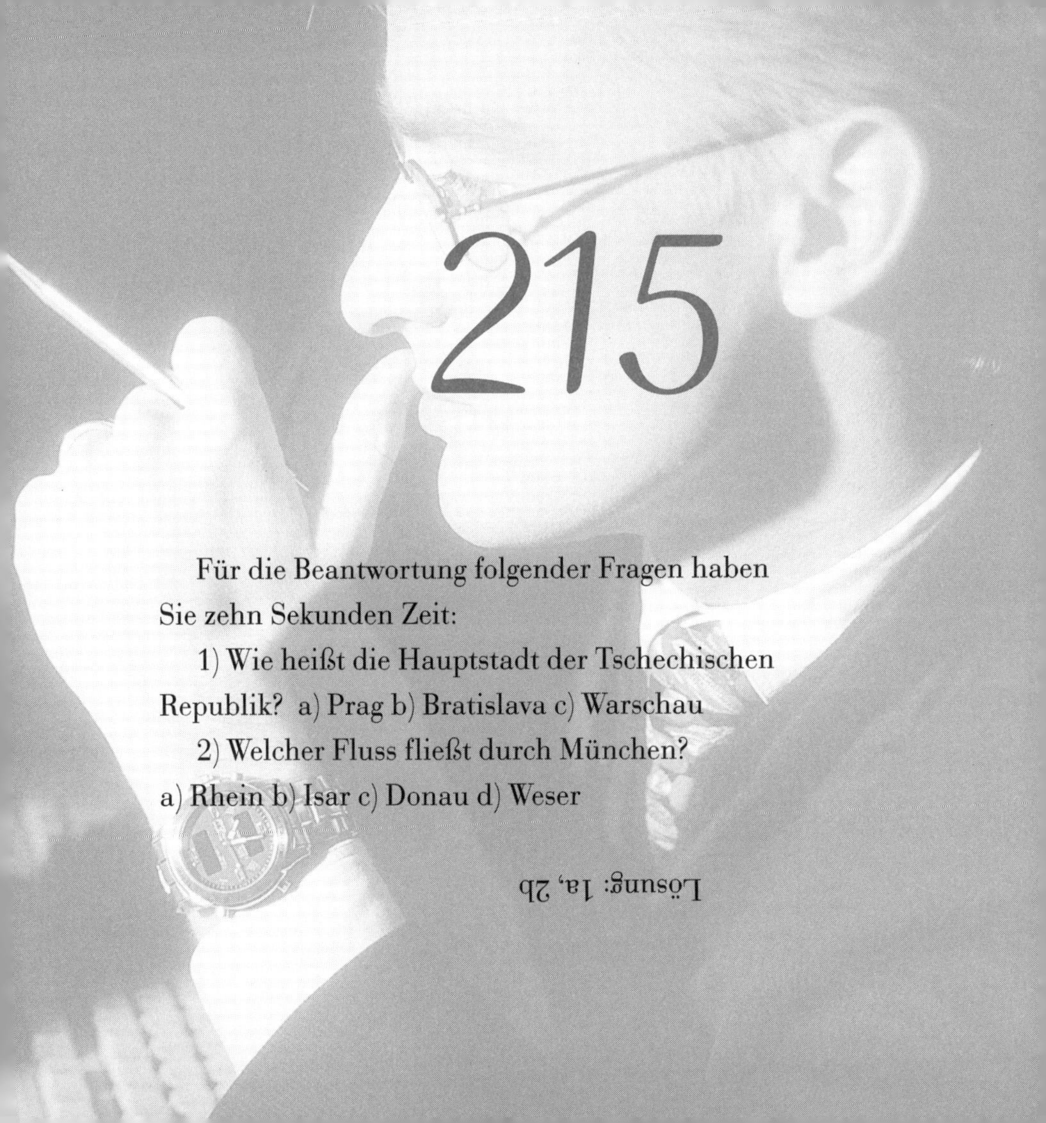

215

Für die Beantwortung folgender Fragen haben Sie zehn Sekunden Zeit:

1) Wie heißt die Hauptstadt der Tschechischen Republik? a) Prag b) Bratislava c) Warschau

2) Welcher Fluss fließt durch München?
a) Rhein b) Isar c) Donau d) Weser

Lösung: 1a, 2b

216

Beantworten Sie folgende Fragen in 20 Sekunden:

1) Was ist ein Sperling? a) vorlauter Mensch b) Vogel c) Schmuckstück

2) Was ist eine Trense? a) Pferdezaum b) Werkzeug c) Gartengerät

3) Welchen Stoff enthält Kaffee? a) Kokain b) Arsen c) Koffein

4) Was versteht man unter Algen? a) Meerespflanzen b) menschliche Gene c) Schwermetalle

Lösung: 1b, 2a, 3c, 4a

217

Fällt es Ihnen schwer, rasch eine Entscheidung zu treffen? Üben Sie es, sooft Sie können!

Beantworten Sie folgende Fragen innerhalb von 15 Sekunden:

1) Was ist ein Gynäkologe? a) Frauenarzt b) Fitnessstudio c) Altertumsforscher

2) Wie heißt die Hauptstadt Frankreichs? a) Bordeaux b) Nizza c) Paris

3) Was versteht man unter Dialyse? a) Spezial-Diät b) Blutwäsche c) das Wählgeräusch beim Telefonieren

218

Lösung: 1a, 2c, 3b

219

Beantworten Sie folgende Fragen in zehn Sekunden:

1) Was ist der Äquator? a) größter Breitenkreis der Erde b) exotisches Getränk c) Längengrad

2) Was ist keine Nuss? a) Cashew b) Haselnuss c) Leinsamen

Lösung: 1a, 2c

220

Beantworten Sie folgende Fragen ebenfalls in zehn Sekunden:

1) Was ist Schach? a) ein Brettspiel b) ein Kartenspiel c) ein Kinderspiel

2) Woraus wird Joghurt hergestellt? a) Käse b) Milch c) Früchtebrei

Lösung: 1a, 2b

221

Beantworten Sie folgende Fragen in 20 Sekunden:

1) In welchem Land liegt Tripolis? a) Pakistan b) Libyen c) Irak

2) Welches Bauwerk kann man vom Mond aus erkennen? a) Chinesische Mauer b) Brandenburger Tor c) Big Ben d) World Trade Center

3) Wo findet man den Roten Platz? a) Peking b) Moskau c) Nordkorea

4) Was ist Kurkuma? a) Kürbisart b) moslemisches Fest c) Gewürz

Lösung: 1b, 2a, 3b, 4c

222

Beantworten Sie folgende Fragen in 15 Sekunden:

1) Wer stellt Honig her? a) Wespen b) Bienen c) Hornissen

2) Welche Frucht enthält das meiste Vitamin C?
a) Stachelbeere b) Apfel c) Zitrone d) Kirsche

3) Welchen Beruf übte Björn Borg aus? a) Tennisspieler
b) Schauspieler c) Rocksänger d) Fußballspieler

Lösung: 1b, 2c, 3a

Beantworten Sie folgende Fragen in 20 Sekunden:

1) Was sind die Masern? a) Kinderkrankheit b) Volksstamm c) Tierart

2) Was ist der Krakatau? a) Vulkan b) Fluss c) Meerenge d) Vogel

3) Was ist Sumo? a) Fischgericht b) japanischer Ringkampf c) Reisart

4) Was ist ein Taipan? a) Stadt in Asien b) Giftschlange c) Säugetier

Lösung: 1a, 2a, 3b, 4b

223

224

Beantworten Sie folgende Fragen in 15 Sekunden:

1) Wer spielte den „Rain Man"? a) Dustin Hoffman b) Cary Grant c) Robert de Niro d) Fred Astaire

2) Wie lang ist eine Marathonstrecke? a) 42,195 km b) 53 km c) 12,5 km d) 40,5 km

3) In welcher Stadt findet man die Eremitage? a) Paris b) St. Petersburg c) London d) Barcelona

Lösung: 1a, 2a, 3b

225

Selbst wenn Sie nicht alle Antworten auf die Fragen kennen, können Sie die richtigen Antworten herausfinden – durch das Ausschließen von sofort als falsch erkennbaren Antworten.

226

Entscheiden Sie sich immer schnell für eine Antwort. Auf diese Weise trainieren Sie nicht nur Ihr Konzentrationsvermögen, sondern auch Ihre Entscheidungsfreudigkeit.

227

Beantworten Sie folgende Fragen innerhalb von 20 Sekunden:

1) Welche Staatsform hat Kanada? a) parlamentarische Monarchie b) präsidiale Republik c) parlamentarische Republik d) Sultanat

2) Wo fanden 2000 die olympischen Sommerspiele statt? a) Canberra b) Atlanta c) Sydney d) Peking

3) Welches ist die weltweit kleinste Republik? a) Oman b) San Marino c) Liechtenstein d) Philippinen

Lösung: 1a, 2c, 3b

228

Beantworten Sie folgende Fragen innerhalb von 20 Sekunden:

1) Wie heißt die berühmte südafrikanische Goldmünze?
a) Maple Leaf b) Krügerrand c) Golddollar d) Golden Eagle

2) Wie heißt die Frau des ehemaligen US-Präsidenten Bill Clinton?
a) Hillary b) Sonia c) Ruth d) Madeleine

3) An welches dieser Länder grenzt Vietnam an? a) Philippinen
b) Indonesien c) Kambodscha d) Türkei

Lösung: 1b, 2a, 3c

229

In den folgenden Übungen sollen Sie Synonyme finden – Wörter, die die gleiche Bedeutung haben wie jeweils das erste Wort in einer Reihe. Hierdurch trainieren Sie nicht nur Ihre Konzentrationsfähigkeit, sondern auch Ihre verbale Intelligenz.

230

Zum Auffinden der Synonyme nehmen Sie sich 15 Sekunden Zeit:

1) aufhören: a) beenden b) fertig machen c) wiederholen d) weitermachen

2) Freund: a) Nachbar b) Kumpel c) Bekannter d) Vertrauter

3) nett: a) süß b) freundlich c) liebreizend

Lösung: 1a, 2d, 3b

231

Lassen Sie sich 20 Sekunden Zeit für das Auffinden der Synonyme in den folgenden Wortreihen:

1) Stärke: a) Mut b) Kraft c) Tugend d) Faulheit

2) Beruf: a) Passion b) Job c) Berufung d) Arbeit

3) gehen: a) rennen b) spazieren d) stolzieren

4) leugnen: a) denken b) meinen c) lügen d) täuschen

Lösung: 1b, 2b, 3b, 4c

232

Finden Sie in den folgenden Wortreihen den gegenteiligen Begriff zum ersten Wort (Zeit: 15 Sekunden):

1) groß: a) riesig b) klein c) gigantisch d) gewaltig
2) laufen: a) gehen b) sich bewegen c) ruhen
3) Konzentration: a) Unruhe b) Stille c) Ruhe
4) notwendig: a) erforderlich b) unnötig c) wichtig

Lösung: 1b, 2c, 3a, 4b

Entspannung

Immer wenn wir unter Stress stehen, lässt unser Gedächtnis nach – kein Wunder, unser Körper hat genug anderes zu tun, als sich um unsere Gedächtnisleistung zu kümmern. Leider stehen wir auch in Prüfungssituationen unter Stress – also in Situationen, in denen unser Gedächtnis auf Hochtouren laufen müsste. Wenn wir hingegen entspannt sind, kann unser Gehirn wesentlich mehr aufnehmen, behalten, sich aber auch umso besser erinnern. Daher ist es so wichtig, sich immer wieder bewusst zu entspannen – auch und gerade in Prüfungssituationen.

233

Bewusste Entspannung bedeutet nicht, sich einfach nur aufs Sofa zu legen und Fernsehen zu schauen – bewusste Entspannung heißt, sich mit dem eigenen Körper und dem eigenen Geist zu beschäftigen.

234

Wer sich entspannen will, braucht keinen störenden Lärm. Versuchen Sie, alle Geräusche der Außenwelt auszuschalten, zum Beispiel indem Sie die Fenster und Türen schließen. Ohrstöpsel können wahre Wunder wirken, wenn alle anderen Maßnahmen, den Lärm auszuschalten, nichts bringen.

235

Der Lärm der Außenwelt mag zwar bei der Entspannung störend sein, entspannende Musik oder Naturgeräusche von der CD sind es normalerweise nicht. Eine solche klangliche Untermalung kann sogar hilfreich sein, zur Entspannung zu finden. Suchen Sie doch einfach mal im Laden gezielt nach Entspannungs-CDs.

236

Um in einen entspannten Zustand zu kommen, ist es hilfreich, das Zimmer kurzzeitig etwas abzudunkeln und das grelle Sonnenlicht draußen zu lassen. Auf diese Weise werden Sie nicht so rasch abgelenkt, wenn Sie sich entspannen wollen.

237

Suchen Sie sich einen bequemen Platz und machen Sie es sich dort gemütlich. Legen Sie sich lang hin, ein Kissen unter dem Kopf, und schließen Sie die Augen.

238

Stellen Sie sich vor, Sie machten eine Reise in die Südsee. Lassen Sie Ihren Geist aus dem rauen Alltag entfliehen und schicken Sie ihn auf eine traumhafte Insel ganz nach Ihrem Geschmack.

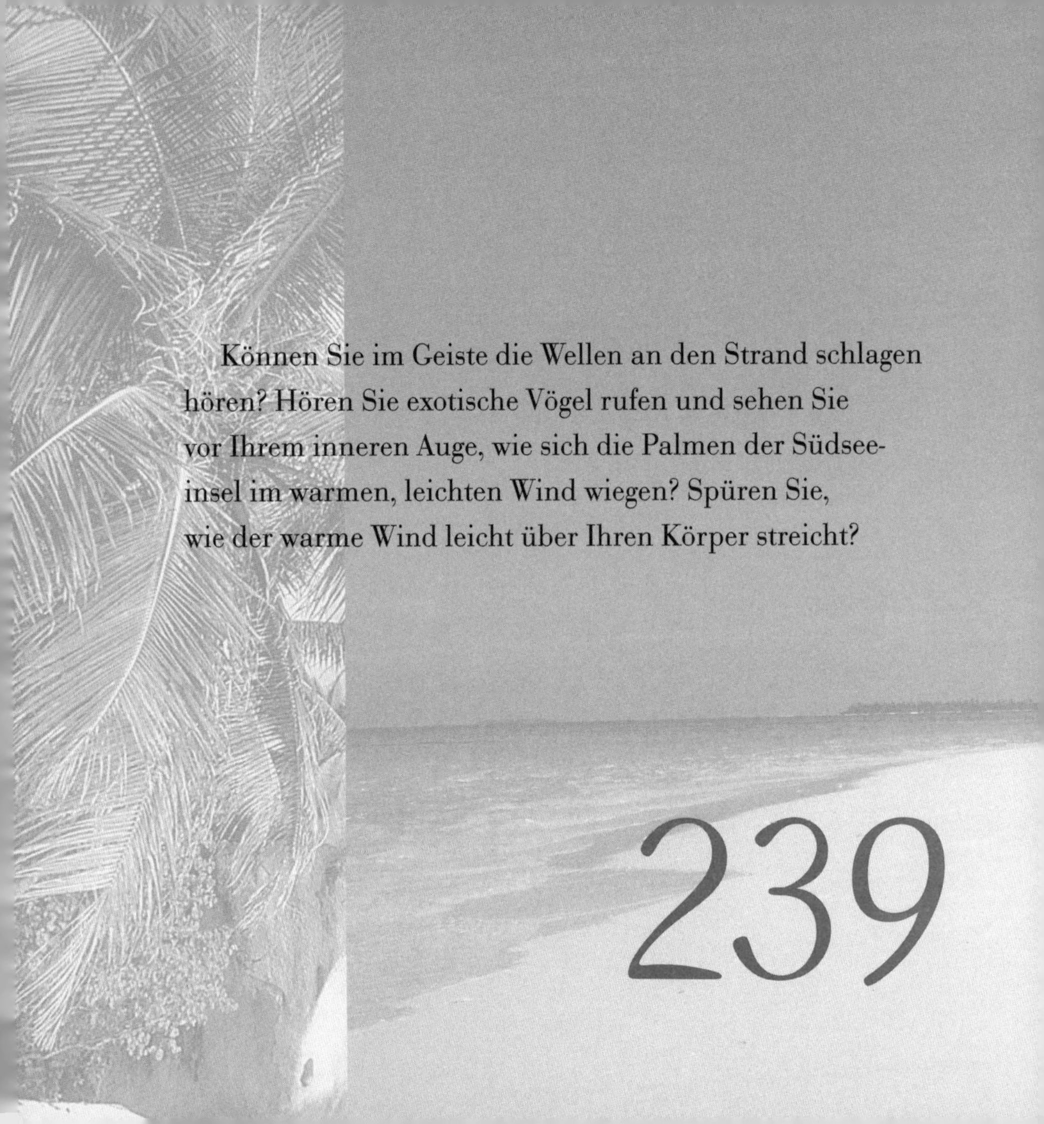

Können Sie im Geiste die Wellen an den Strand schlagen hören? Hören Sie exotische Vögel rufen und sehen Sie vor Ihrem inneren Auge, wie sich die Palmen der Südsee-insel im warmen, leichten Wind wiegen? Spüren Sie, wie der warme Wind leicht über Ihren Körper streicht?

239

240

Tauchen Sie nun vollständig ab in Ihre „traumhafte“ Inselwelt. Stellen Sie sich den blauen Himmel vor, spüren Sie die Sandkörner unter Ihrem Körper und fühlen Sie, wie sich Ihr ganzer Körper allmählich erwärmt.

241

Verweilen Sie eine Zeit lang auf Ihrer Trauminsel. Erst wenn Sie das Gefühl haben, dass Sie schon viel entspannter sind, öffnen Sie langsam wieder die Augen und kehren ganz allmählich wieder in den Alltag zurück.

Ihr Körper sollte sich nach Ihrer Traumreise leichter fühlen, Ihr Geist wacher und Sie sich im Ganzen entspannter. Falls ein Traumstrand auf einer Südseeinsel nichts für Sie ist, können Sie sich auch eine Waldlichtung im Sommer oder einen anderen Ort, der für Sie mit angenehmen Erinnerungen verbunden ist, vor Ihrem inneren Auge vorstellen.

242

243

Falls es beim ersten Mal mit der Entspannung nicht geklappt hat, geben Sie nicht auf! Beim zweiten oder dritten, vielleicht auch erst beim zehnten Mal werden Sie Ihr Traumziel entspannt verlassen. Ist dies nicht der Fall, sollten Sie es mit einer anderen Entspannungsmethode versuchen.

244

Eine weitere Form der Entspannung ist die Muskelrelaxation nach Jacobson. Diese können Sie unter fachlicher Anleitung lernen oder Sie können sie sich auch selbst beibringen. Sie sollten sich dafür zunächst allerdings eine Kassette mit den Anweisungen für die Entspannungstechnik besprechen, um nichts zu vergessen.

245

Setzen oder legen Sie sich bequem hin. Entledigen Sie sich aller einengenden Kleidung. Am besten tragen Sie eine bequeme Jogginghose und einen ausreichend weiten Pulli.

246

Bilden Sie nun mit der linken Hand eine Faust und pressen Sie die Finger kräftig zusammen – ganze fünf Sekunden lang. Lösen Sie die Faust und entspannen Sie Ihre Finger wieder. Merken Sie, wie wohl das tut?

Nach zehn Sekunden (lassen Sie eine zehnsekündige Pause auf Ihrer Übungskassette) ballen Sie die rechte Hand zur Faust und führen die gleiche Übung nochmals durch – Muskeln fünf Sekunden anspannen und anschließend zehn Sekunden entspannen.

247

248

Pressen Sie nun die Hände vor Ihrem Körper fünf Sekunden lang stark gegeneinander und spannen Sie dabei die Muskulatur der Unterarme an. Es folgt wieder eine wohl tuende Entspannung von zehn Sekunden ...

249

Nun sind die Oberarme an der Reihe. Winkeln Sie die Arme vor dem Körper an und pressen Sie die Unterarme fünf Sekunden fest gegen die Oberarme, deren Muskeln angespannt werden. Genießen Sie im Anschluss wieder zehn Sekunden Entspannung – Ihre Muskeln sind ganz warm und weich.

Auch die Muskeln des Gesichts können Sie anspannen. Versuchen Sie es zunächst mit der Stirn. Legen Sie sie in Falten, um anschließend die Stirnmuskulatur wieder zu entspannen. Dann machen Sie die Augen zu und pressen die Augenlider aufeinander. Entspannen Sie daraufhin die Augenmuskeln zehn wunderbare Sekunden lang ...

250

251

Nun ist die Muskulatur um den Mund an der Reihe: Pressen Sie die Lippen, so stark es geht, für fünf Sekunden aufeinander. Entspannen Sie die Muskeln anschließend zehn Sekunden lang. Danach beißen Sie Ihre Zähne fünf Sekunden lang zusammen und lösen dann die Anspannung wieder. Nehmen Sie das wohlige Gefühl wahr, das sich einstellt, wenn sich die Muskeln entspannen.

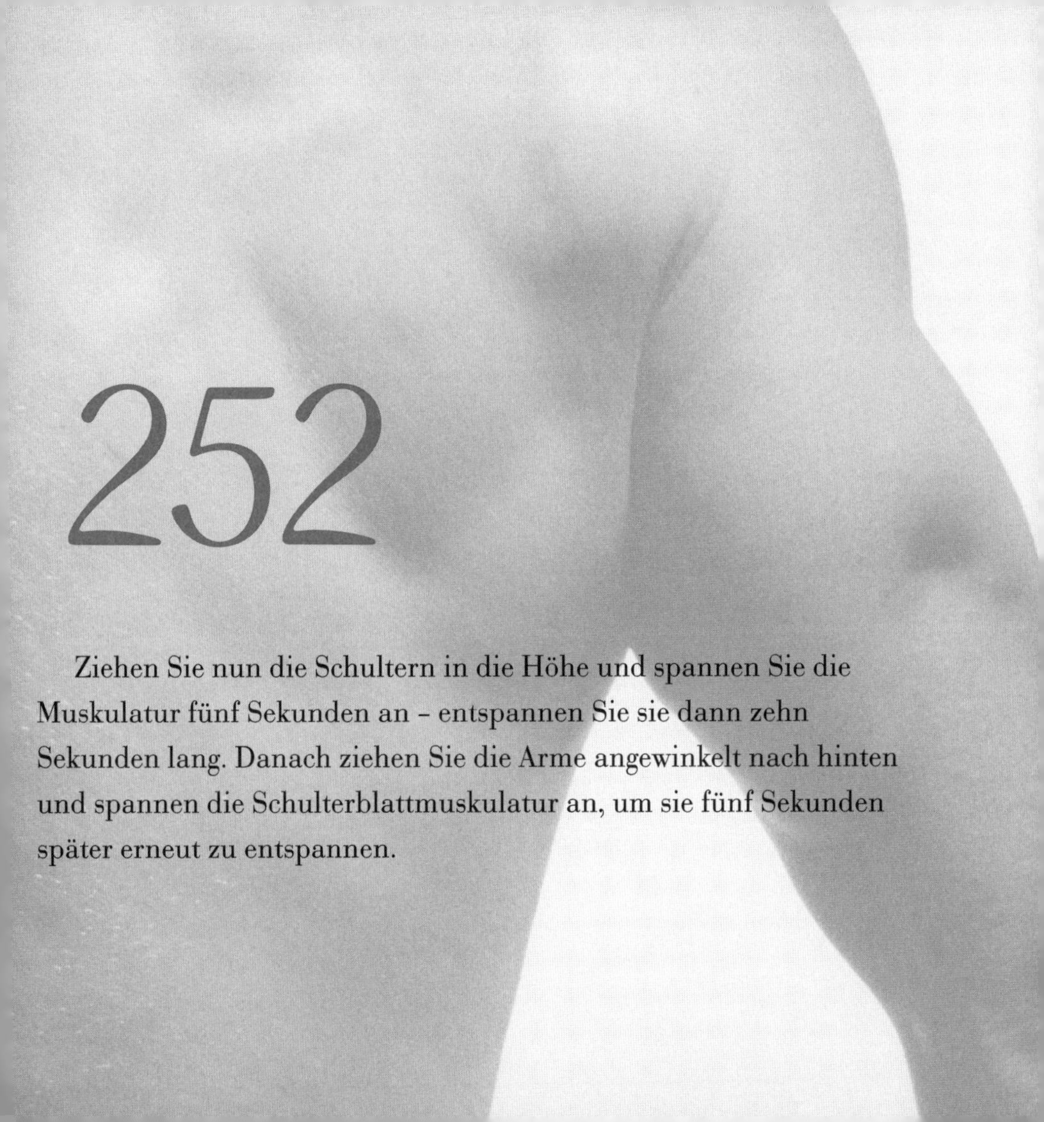

252

Ziehen Sie nun die Schultern in die Höhe und spannen Sie die Muskulatur fünf Sekunden an – entspannen Sie sie dann zehn Sekunden lang. Danach ziehen Sie die Arme angewinkelt nach hinten und spannen die Schulterblattmuskulatur an, um sie fünf Sekunden später erneut zu entspannen.

253

Beim Einatmen blasen Sie Ihren Bauch auf, so stark sie können, und spannen die Bauchmuskeln fünf Sekunden an. Danach genießen Sie zehn Sekunden lang, wie sich Ihre Muskulatur wieder ausdehnt.

254

Um das Gesäß zu entspannen, pressen Sie die Pobacken für fünf Sekunden kräftig aneinander. Beim Lösen der Anspannung sollte sich die Gesäßmuskulatur nun etwas wärmer anfühlen. Nehmen Sie dieses Gefühl etwa zehn Sekunden lang bewusst wahr.

255

Die Oberschenkelmuskulatur wird entspannter, wenn Sie zunächst die Muskeln anspannen (fünf Sekunden lang) und dann wieder entspannen (zehn Sekunden lang).

256

Als Letztes ziehen Sie die Füße vorn kräftig hoch und halten die Anspannung fünf Sekunden lang. Im Anschluss genießen Sie, wie entspannt sich Ihre Waden nach dem Lösen der Anspannung anfühlen.

257

Die Muskelentspannung nach Jacobson sollten Sie genauso wie einige Gedächtnisübungen täglich durchführen. Sie brauchen dafür nur etwa zehn Minuten Zeit. Dies ist jedoch keine verlorene Zeit: Danach ist Ihr Gedächtnis viel aufnahmefähiger.

258

Entspannung kann man auch unter fachlicher Anleitung lernen. Vielleicht besuchen Sie mal einen Kurs im autogenen Training oder einen Meditationskurs?

259

Schöne Dinge – vor allem auch Kleinigkeiten – bewusster wahrzunehmen trägt ebenfalls wesentlich zur Entspannung (und damit zur gesteigerten Aufnahmefähigkeit des Gehirns) bei. Nehmen Sie sich vor, sich täglich mindestens fünfmal über Kleinigkeiten zu freuen.

260

Gehen Sie mal wieder nach einem Regenguss hinaus in die freie Natur. Nehmen Sie wahr, wie gut nasses Gras und nasse Blumen riechen können, und atmen Sie tief durch.

261

Gehen Sie in den Wald. Lauschen Sie auf die Geräusche der Vögel und schnuppern Sie den harzigen Duft der Tannen. Wenn es warm ist, ziehen Sie Ihre Schuhe aus und laufen ein wenig barfuß auf dem weichen Waldboden. Aber Vorsicht! Passen Sie auf Zecken auf!

262

Kaufen Sie sich eine Duftlampe und befüllen Sie sie mit einem nicht zu aufdringlich riechenden ätherischen Öl – am besten einem auf Sie entspannend wirkenden Duft. Wenn Sie sich gezielt entspannen wollen, zünden Sie die Duftlampe an!

263

Pflücken Sie mal wieder einen Strauß Wiesenblumen. Erfreuen Sie sich an den Farben und an dem Duft der Pflanzen. Besonders intensiv riechen die Blumen, wenn man sie im Anschluss an einen Regenschauer pflückt.

264

Setzen Sie sich an einem schönen Tag auf eine Waldlichtung. Nehmen Sie ganz bewusst wahr, wie es sich anfühlt, auf dem Erdboden zu sitzen und die Sonne auf Ihrem Körper zu spüren.

265

Erfühlen Sie organische Strukturen. Nehmen Sie zum Beispiel ein Stück Holz in die Hand, schließen die Augen und tasten es ganz langsam mit Ihren Fingern ab.

266

Streicheln Sie einen Hund oder eine Katze und fühlen Sie, wie entspannend es sein kann, die Wärme des Lebewesens und den Genuss, den es beim Streicheln empfindet, zu erspüren.

Tragen Sie hin und wieder Unterwäsche aus einem dem Körper schmeichelnden Material wie Seide. Spüren Sie, wie anders Sie sich fühlen, wenn Sie solche Wäsche tragen?

267

268

Schauen Sie sich ganz bewusst in Ihrer Umgebung um. Versuchen Sie, wieder wie ein Kind über Dinge zu staunen, die man sonst gar nicht mehr beachtet (zum Beispiel über Käfer oder Schmetterlinge).

269

Gewinnen Sie wieder ein Gefühl dafür, wie bunt und schön unsere Welt ist. Nehmen Sie die Farben der Natur bewusster wahr. Auf diese Weise schulen Sie auch Ihr bildliches Vorstellungsvermögen.

270

Nehmen Sie sich mal wieder Zeit für den Besuch einer Galerie oder eines Museums. Versenken Sie sich in die Bilder oder anderen Ausstellungsstücke. Unbewusst werden Sie sich dabei viele Eindrücke merken und Ihr Gedächtnis trainieren.

Gönnen Sie es sich, hin und wieder einmal den Raum, in dem Sie sitzen, abzudunkeln und eine Kerze zu entzünden. Konzentrieren Sie sich nur auf das Licht der Kerze und auf den Geruch, den sie beim Brennen verströmt.

271

Hören Sie sich eine CD mit entspannender Musik oder entspannenden Geräuschen (zum Beispiel Vogelgesang oder anderen Naturgeräuschen) an. Tun Sie dabei nichts weiter, als den Tönen konzentriert zu lauschen.

272

273

Singen Sie selbst mal wieder in der Badewanne – egal, wie schief es sich anhört. Es entspannt, aus lauter Lebensfreude ein Lied anzustimmen und sich dabei allen Frust von der Seele zu singen.

274

Gönnen Sie sich nach einem anstrengenden Arbeitstag ein heißes Bad. Legen Sie sich in die Wanne, schließen Sie die Augen und lassen Sie einfach Ihre Gedanken davonsegeln.

Ein schöner Duft verstärkt die entspannende Wirkung eines heißen Bades noch. Suchen Sie sich einen Badezusatz aus, bei dessen Geruch Sie ins Träumen kommen.

275

276

Massieren Sie nach dem Bad ein duftendes Öl in Ihre Haut ein. Spüren Sie die streichelnden Bewegungen Ihrer Hände? Lassen Sie sie genüsslich über Ihre Haut gleiten und atmen Sie tief ein, um den Duft des Öls förmlich „einzusaugen“.

277

Gönnen Sie sich hin und wieder den Luxus einer Massage. Sie entspannt die Muskeln und damit nicht nur Ihren Körper, sondern auch Ihren Geist. Nach den ersten Massagen kann Ihr Körper noch etwas schmerzen, doch wenn Sie sich häufiger haben massieren lassen, werden Sie spüren, wie sich eine wohl tuende Entspannung in Ihnen ausbreitet.

Essen Sie ganz bewusst ein Stück Schokolade (oder etwas anderes, das Sie sich aus Gründen der Figur nur selten gönnen). Lassen Sie die Schokolade auf Ihrer Zunge zergehen, erspüren Sie die Konsistenz und genießen Sie den Geschmack.

278

279

Machen Sie mal wieder einen langen Spaziergang. Lassen Sie dabei Ihre Gedanken abschweifen und versuchen Sie, nur an angenehme Dinge zu denken. Vergessen Sie den Alltagsstress!

280

Schwingen Sie sich auf Ihr Fahrrad und genießen Sie es, sich den frischen Wind um die Nase wehen zu lassen. Verbannen Sie dabei alle unangenehmen Gedanken aus Ihrem Kopf!

281

Legen Sie eine CD mit schwungvoller Musik auf und tanzen Sie dazu. Versuchen Sie, sich in der Bewegung zu verlieren. Achten Sie nur auf die Musik und die Bewegungen Ihres Körpers!

282

Leihen Sie sich ein Paddelboot und machen Sie eine Bootstour auf einem See oder einem Fluss. Durch die belebende Ruhe auf dem Wasser bekommen Sie eine ganz andere Sicht auf die Dinge des Lebens. Auch Ihre Perspektive ist eine ganz andere als bei einem Spaziergang am Ufer.

283

Gewinnen Sie Abstand vom Alltagsstress. Wenn Sie von der Arbeit nach Hause kehren, versuchen Sie, Ihre Gedanken auf andere Dinge als auf Ihre Arbeit zu lenken. Nehmen Sie möglichst nie Ärger mit nach Hause, sondern sagen Sie sich: Der Rest des Tages gehört nur mir allein!

284

Sagen Sie häufiger einmal „Nein“. Wenn Sie sich zu viel aufhalsen, haben Sie keine Zeit mehr, sich zu entspannen. Die Folge: Der Stress frisst Sie auf, Ihre Merkfähigkeit, Ihre Gedächtnisleistung ganz allgemein nimmt ab.

285

Gönnen Sie sich auch im größten Stress hin und wieder eine Atempause. Schließen Sie die Tür Ihres Büros, machen Sie die Augen zu und lassen Sie Ihre Gedanken abschweifen – hin zu etwas ausgesprochen Angenehmem!

Lassen Sie die Kollegen ruhig dumm gucken, wenn Sie eine kurze Pause einlegen. Lassen Sie sich dabei auch nicht stören. Anschließend haben Sie den Kopf frei für neue Ideen und sind wesentlich aufnahmebereiter.

286

287

Hausfrauen oder -männer mit kleinen Kindern brauchen zwischendurch auch kleine Ruhepausen. Nutzen Sie die Zeit, in der Ihr Kind alleine spielt, nicht nur für die Hausarbeit, sondern machen Sie mal kurz die Augen zu und atmen tief durch.

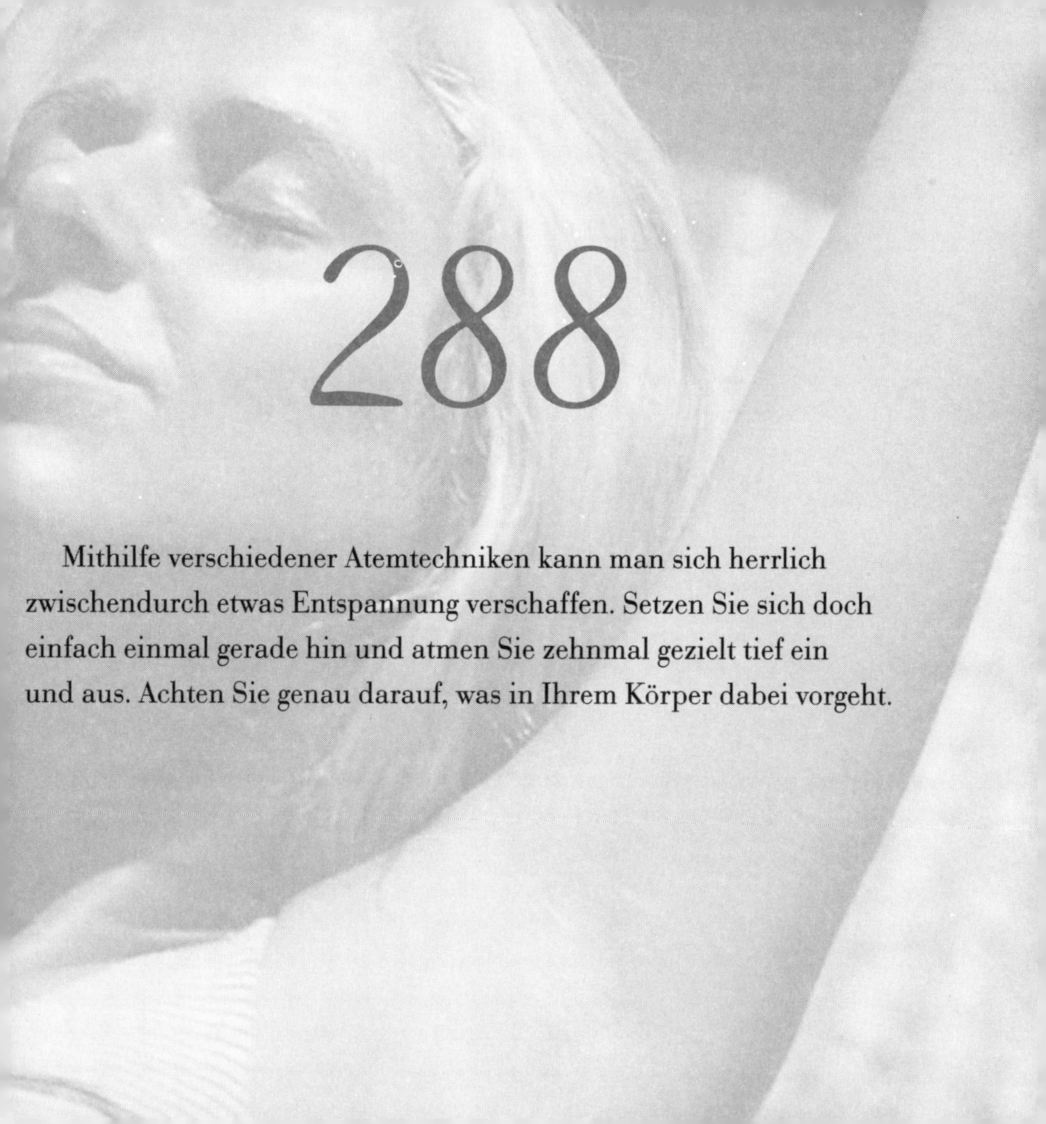

288

Mithilfe verschiedener Atemtechniken kann man sich herrlich zwischendurch etwas Entspannung verschaffen. Setzen Sie sich doch einfach einmal gerade hin und atmen Sie zehnmal gezielt tief ein und aus. Achten Sie genau darauf, was in Ihrem Körper dabei vorgeht.

Achten Sie darauf, dass die Luft durch den Brustkorb tief in Ihren Bauch hineinströmt. Nun halten Sie kurz die Luft an und lassen sie dann gezielt wieder aus dem Bauch in den Brustkorb und aus Ihrem Mund herausströmen.

289

290

Machen Sie bei Ihren Atemübungen ruhig laute Atemgeräusche. Auf diese Weise können Sie sicher sein, dass Sie wirklich tief Luft holen. Prusten Sie oder schnauben Sie. Zunächst mag es lächerlich erscheinen, doch nach einiger Zeit empfinden Sie das nicht mehr so.

Eine Atemübung können Sie natürlich problemlos auch im Büro durchführen. Wenn Ihre Kollegen dumm gucken und Ihnen das unangenehm ist, suchen Sie sich einen Ort, an dem Sie ungestört sind (vielleicht die Teeküche oder notfalls die Toilette).

291

292

Denken Sie daran: Stress ist der Feind Ihres Gedächtnisses. Unter Stress vergisst man während einer Prüfung die einfachsten Dinge. Der Körper schaltet unter Stress das Gedächtnis nahezu aus oder blockiert es zumindest, weil alle Kräfte auf Flucht oder Kampf – also auf die körperliche und nicht auf die geistige Leistungsfähigkeit – konzentriert werden.

293

Versuchen Sie, auch in Prüfungssituationen möglichst entspannt zu bleiben und Stress zu vermeiden. Setzen Sie dazu zum Beispiel kurz vor der Prüfung die Muskelentspannung nach Jacobson oder eine andere Entspannungsmethode ein.

294

Wenn Sie während einer Prüfung nicht weiterwissen, schließen Sie kurz die Augen und atmen Sie tief durch. Wenn Sie es gewohnt sind, sich auf diese Weise zu entspannen, hilft dieser kurze Moment der Entspannung Ihnen dabei, eine Lösung aus der verfahrenen Situation zu finden.

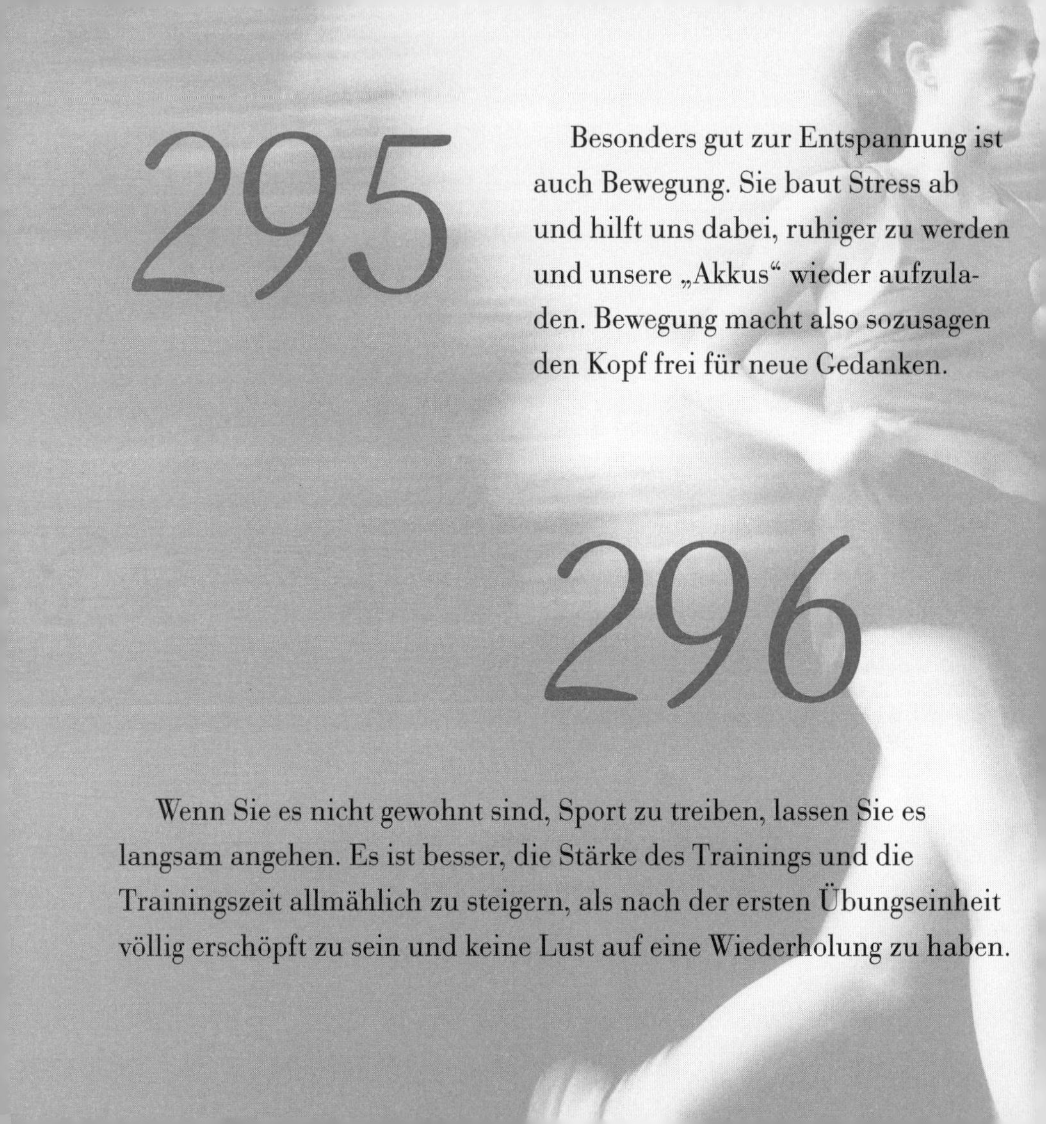

295

Besonders gut zur Entspannung ist auch Bewegung. Sie baut Stress ab und hilft uns dabei, ruhiger zu werden und unsere „Akkus“ wieder aufzuladen. Bewegung macht also sozusagen den Kopf frei für neue Gedanken.

296

Wenn Sie es nicht gewohnt sind, Sport zu treiben, lassen Sie es langsam angehen. Es ist besser, die Stärke des Trainings und die Trainingszeit allmählich zu steigern, als nach der ersten Übungseinheit völlig erschöpft zu sein und keine Lust auf eine Wiederholung zu haben.

Es gibt verschiedene Sportarten, die Sie in fast jedem Alter ausüben können. Dazu gehören Wandern, Laufen (mit Einschränkungen), Radfahren, Gymnastik und Schwimmen. Vor Aufnahme des Trainings sollten Sie sich aber mit Ihrem Arzt beraten.

297

298

Vielleicht möchten Sie jedoch mit einer Sportart beginnen, die nicht so ganz alltäglich ist? Viele Kampfsportarten kann man beispielsweise auch noch bis ins hohe Alter ausüben – natürlich gibt es gewisse Einschränkungen, was Sie aber nicht davon abhalten sollte, mit dem Training zu beginnen.

299

Wer Sport zu seiner Entspannung treiben möchte, sollte zunächst nur dreimal die Woche 15 Minuten lang trainieren. Nach und nach wird die Zeit auf dreimal 30 Minuten gesteigert und ab einem gewissen Zeitpunkt können Sie auch dreimal wöchentlich je 60 oder gar 90 Minuten lang trainieren.

300

Sport trägt nicht nur zur Entspannung und damit zur Steigerung der Gedächtnisleistung, sondern zur Gesunderhaltung des ganzen Körpers bei. Ihre Leistungsfähigkeit im Allgemeinen wird sich erhöhen, wenn Sie sich regelmäßig bewegen.

301

Versuchen Sie, all das, was Sie tun, konzentriert zu machen. Auf diese Weise steigern Sie nicht nur Ihre Konzentrationsfähigkeit, Sie werden Ihre Aufgaben auch schneller und in der Regel besser und/oder gründlicher erledigen als zuvor.

302

Auch bei ganz einfachen Dingen sollten Sie sich konzentrieren. Wenn Sie beispielsweise Ihre Wohnung putzen, nehmen Sie sich vor, dass Sie rascher fertig sind als sonst. Sparen Sie Zeit bei Routineaufgaben, indem Sie sich vornehmen, diese schneller als gewohnt hinter sich zu bringen.

303

Ihre Konzentrationsfähigkeit – und damit auch Ihre Gehirnleistung – steigern Sie auch, indem Sie sich täglich eine Minute lang auf etwas ganz Alltägliches konzentrieren, zum Beispiel auf Ihren Herzschlag. So merkwürdig es sich anhört: Dabei entspannen Sie sich gleichzeitig und machen Ihren Kopf frei.

304

Bewusste Entspannung bedeutet übrigens nicht, sich einfach nur aufs Sofa zu legen, den Fernseher einzuschalten und Salzgebäck zu knabbern. Bewusste Entspannung erfordert ebenfalls in gewissem Maße Konzentration.

305

Den „Königsweg“ zur Entspannung gibt es nicht. Jeder muss selbst ausprobieren, wie er seinen Körper und Geist am besten zur Ruhe bringt. Manche können sich am besten entspannen, wenn sie sich körperlich total auspowern, andere bevorzugen die ruhigeren Entspannungsmethoden.

Motivation

Haben Sie auch schon festgestellt, dass der Mensch an sich ziemlich träge ist? Um die Gedächtnisleistung zu trainieren, bedarf es daher häufig bestimmter Anreize. Sie müssen sich also motivieren, tagtäglich ein leichtes Gedächtnistraining durchzuführen. Auch in vielen anderen Bereichen des Lebens muss man sich ständig selbst motivieren. Nur auf diese Weise erreicht man einen dauerhaften Erfolg.

Die beste Motivation zur Steigerung Ihrer Gedächtnisleistung ist die, die es Ihnen ermöglicht, über einen langen Zeitraum Ihr Gedächtnis zu trainieren. Schaffen Sie sich einen solchen Anreiz, um täglich an Ihrem Gedächtnis zu arbeiten.

306

307

Kleine Belohnungen (zum Beispiel ein Stück Schokolade, das Sie sich sonst versagen würden) können zwar einen kurzfristigen Anreiz für das Gedächtnistraining geben, eine langfristige Motivation geben sie jedoch nicht. Es sind eher ideelle Werte, die Sie dazu bringen, täglich an sich zu arbeiten.

308

Motivierend für das Gedächtnistraining wirken beispielsweise Konkurrenzgedanken („Ich will besser sein als mein Kollege XY“). Doch auf lange Sicht nutzen sich solche Gedanken als Anreiz genauso ab wie kleine Belohnungen.

309

Ein wesentlicher Anreiz, beim Gedächtnistraining „bei der Stange zu bleiben“, könnte zum Beispiel der Gedanke sein, dass Sie Ihre Gedächtnisleistung bis ins hohe Alter weitgehend erhalten wollen.

310

Zwischendurch brauchen Sie jedoch immer wieder kleinere Anreize, um sich auch weiterhin mit Konzentrations- und Gedächtnisübungen zu „quälen“.

311

Kleinere Anreize, das Gedächtnistraining täglich durchzuführen, finden sich zwischendurch immer wieder: Sei es, dass Sie einen Vortrag halten müssen, bei dem Sie gern frei sprechen wollen; sei es, dass Sie auf eine Beförderung hoffen und Ihre Leistungen deshalb noch steigern möchten.

Auch wer nicht im Berufsleben steht, findet immer wieder Möglichkeiten, sich selbst zum Gedächtnistraining zu motivieren. Vielleicht möchten Sie Ihre Fremdsprachenkenntnisse auffrischen und hatten immer schon Probleme mit dem Vokabelnlernen, oder aber Sie wollen in Gesprächen mit Ihrem Wissen über ein bestimmtes Sachgebiet glänzen?

312

Reden Sie sich nie ein, dass Sie irgendetwas nicht können. Überlegen Sie stattdessen, wie Sie Ihr Ziel am besten erreichen. Man kann zum Beispiel (fast) alles lernen, wenn man nur die richtige Lernmethode findet.

313

314

Legen Sie nach Erfolgen eine kleine Atempause ein und notieren Sie, wodurch Sie Ihrer Meinung nach diesen Erfolg erzielt haben. Vielleicht können Sie diese Erfolgsstrategie ja noch auf anderen Gebieten wirkungsvoll einsetzen?

315

Lassen Sie sich durch kleinere Rückschläge nicht aus der Bahn werfen. Besinnen Sie sich auf Ihre bisherigen Erfolge – und lernen Sie aus den Fehlern, die Sie bei diesem Mal begangen haben. Wenn möglich, fragen Sie unbedingt andere, was Sie hätten besser machen können.

316

Wenn Sie vor irgendeiner Aufgabe in Ihrem Leben Angst haben, atmen Sie zunächst einmal tief durch und entspannen Sie sich. Schauen Sie sich dann an, wie andere Menschen ähnliche Aufgaben erfolgreich gemeistert haben.

317

Glauben Sie an sich und Ihre Fähigkeiten. Vergleichen Sie sich nicht ständig mit anderen. Es wird immer jemanden geben, der etwas besser kann als Sie. Das heißt jedoch nicht, dass Sie Ihre Sache schlecht machen.

318

Gewöhnen Sie sich eine aufrechte Körperhaltung an. Wenn Sie den Kopf immer oben tragen, wirkt sich das auch auf Ihr seelisches Befinden positiv aus. Zudem machen Sie auf andere einen besseren Eindruck.

319

Falls es Ihnen einmal nicht so gut geht, machen Sie sich positive Gedanken. Denken Sie zum Beispiel an schöne Ereignisse zurück, lassen Sie die Seele ein wenig baumeln.

320

Lachen Sie auch hin und wieder einmal über sich selbst. Das hilft dabei, etwas Abstand von sich und den immer gleichen Gedanken zu gewinnen und alles aus einer anderen Perspektive zu betrachten.

321

Machen Sie sich Gedanken darüber, in welchen Bereichen des Lebens Sie wirklich gut sind und in welchen anderen Bereichen Sie sich gern noch verbessern wollen. Was wollen Sie besser machen? Und auf welchem Weg könnten Sie das am besten erreichen?

Setzen Sie sich keine unrealistischen Ziele, sondern überlegen Sie, wie Sie etwas Schritt für Schritt erreichen können. Bezogen auf Ihre Gedächtnisleistung heißt das zum Beispiel, dass Sie sich nicht gleich vornehmen sollten, morgen ellenlange Gedichte auswendig vortragen zu können, sondern dass Sie vielleicht zunächst einmal ohne Einkaufszettel (ohne Gedächtnisstütze) in den Supermarkt gehen.

322

323

Stellen Sie einen Zeitplan auf, zu welchem Zeitpunkt Sie welches Ziel erreichen wollen, und arbeiten Sie konzentriert darauf hin. Versuchen Sie, Ihren Zeitplan so gut wie möglich einzuhalten. Aber: Machen Sie sich nicht zum Sklaven Ihres Plans. Kleine Rückschläge gibt es immer!

324

Glauben Sie daran, dass Sie Ihre Ziele letztlich auch erreichen werden. Wenn Sie von vornherein zweifeln, dass Sie Ihr Gedächtnis verbessern können, werden Sie die Lust am Training verlieren. Notieren Sie sich ruhig Ihre Erfolge – seien sie in Ihren Augen auch noch so gering.

325

Setzen Sie sich nie unter Stress. Sagen Sie nie: Ich muss bis zu dem und dem Zeitpunkt unbedingt dies oder jenes erreicht haben. Arbeiten Sie zwar auf Ihr Ziel hin, aber möglichst entspannt. Stress gehört zu den ärgsten Feinden Ihres Gedächtnisses.

326

Erzählen Sie anderen Menschen nichts von Ihrem Gedächtnistraining. Diese könnten Sie unter Druck setzen oder im schlimmsten Fall Ihren Glauben an sich selbst zunichte machen, indem sie an Ihren Fähigkeiten zweifeln.

327

Denken Sie daran: Niemand, aber wirklich niemand besitzt ein perfektes Gedächtnis. Jeder vergisst mal irgendetwas. Gestehen Sie dies auch sich selbst zu.

328

Vergleichen Sie Ihre Leistungen nicht mit denen anderer, sondern immer nur mit Ihren vorhergehenden Leistungen. Auf diese Weise werden Sie stetige Fortschritte erkennen.

329

Wenn Sie an einem Tag einmal überhaupt keine Lust zu Gedächtnisübungen haben sollten, dann geben Sie Ihrem Gefühl ruhig nach. Machen Sie stattdessen etwas anderes Sinnvolles – vielleicht tun Sie etwas zu Ihrer Entspannung. Am folgenden Tag sind Sie dann sicher sehr viel motivierter, wieder mit Ihren Übungen zu beginnen.

330

Denken Sie daran: Ihr Gedächtnis können Sie durch ganz einfache Dinge auf Trab halten – und sei es nur durch das Wiederholen des kleinen Einmaleins oder durch das Merken von Namen und Gesichtern oder Telefonnummern.

331

Ihr Gedächtnis brauchen Sie noch viele Jahre lang. Grund genug, sich Tag für Tag eine kurze Zeitspanne mit Gedächtnistraining zu beschäftigen, oder?

332

Vielleicht motiviert es Sie auch zum Gedächtnistraining, wenn Sie andere durch Ihre Merkfähigkeit beeindrucken können. Lehnen Sie es daher zum Beispiel nicht ab, wenn Sie jemand bittet, auf einem Familienfest eine Rede zu halten. Machen Sie Ihre Sache gut, ist der Applaus Ihnen gewiss!

333

Sagen Sie nie: „Das kann ich nicht“, sondern denken Sie immer: „Selbst wenn ich irgendetwas noch nicht kann, werde ich es über kurz oder lang lernen.“

Alter

Im Alter lässt die Gedächtnisleistung bei fast allen Menschen ein wenig nach. Im Laufe des Lebens sind eine Reihe von Gehirnzellen abgestorben und auch die Blutversorgung des Gehirns ist infolge von Arterienverkalkung vielleicht nicht mehr ganz so optimal wie in jungen Jahren. Wissenschaftler haben jedoch herausgefunden, dass sich auch im Alter noch Verknüpfungen zwischen Gehirnzellen neu bilden können, die entscheidend zu unserer Merkfähigkeit beitragen. Deshalb sollten Sie auch im fortgeschrittenen Alter stets ein wenig Gehirnjogging betreiben.

334

Bieten Sie Ihrem Gehirn tagtäglich kleine neue Herausforderungen, ganz egal, ob es sich dabei um das Lösen eines Kreuzworträtsels handelt oder ob Sie lieber Knobelaufgaben lösen. Auf diese Weise beugen Sie in gewissem Maß sogar der Alzheimer-Krankheit vor.

335

Achten Sie in fortgeschrittenem Alter noch stärker als in jungen Jahren auf Ihren Lebensstil. Eliminieren Sie für das Gehirn schädliche Angewohnheiten wie den Konsum von Alkohol weitgehend und sorgen Sie dafür, dass Ihr Körper (also auch Ihr Gehirn) alle wichtigen Vitamine und Mineralstoffe in ausreichender Menge bekommt.

336

Vor allem im fortgeschrittenen Alter ist es wichtig, ausreichende Mengen Vitamin E und C zu sich zu nehmen. Diese tragen dazu bei, der Arterienverkalkung vorzubeugen, und tragen damit zu einem optimalen Blutfluss im Gehirn bei.

337

Unterliegen Sie nicht der Fehleinschätzung, dass Sie im Alter nichts Neues mehr lernen können. Es gibt Menschen, die erst nach der Pensionierung die Zeit dafür gefunden haben, ein Studium an einer Universität aufzunehmen.

338

Nehmen Sie Dinge in Angriff, die Sie immer gerne lernen wollten – ganz egal, ob das eine neue Sprache oder aber ein besseres Verständnis für Computer ist.

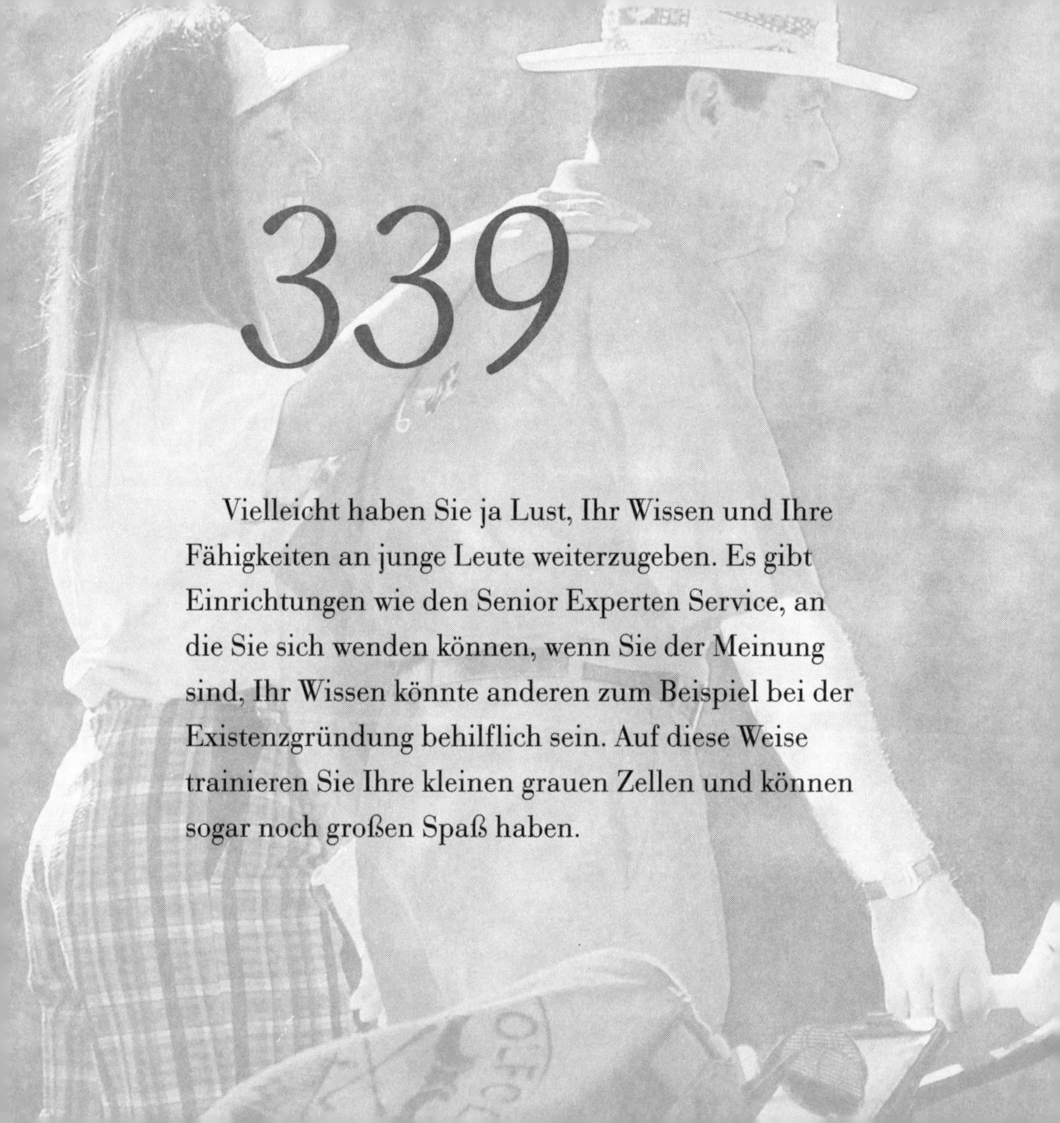

339

Vielleicht haben Sie ja Lust, Ihr Wissen und Ihre Fähigkeiten an junge Leute weiterzugeben. Es gibt Einrichtungen wie den Senior Experten Service, an die Sie sich wenden können, wenn Sie der Meinung sind, Ihr Wissen könnte anderen zum Beispiel bei der Existenzgründung behilflich sein. Auf diese Weise trainieren Sie Ihre kleinen grauen Zellen und können sogar noch großen Spaß haben.

340

In vielen Städten gibt es Tauschringe, in denen man kleine Dienstleistungen (zum Beispiel Unterricht im Stricken) oder selbst gemachte Dinge gegen andere Dienstleistungen (zum Beispiel Putzen) oder andere Dinge eintauschen kann. Wäre es nicht etwas für Sie, sich an einem solchen Tauschring zu beteiligen? Dadurch bleiben Sie und Ihr Gehirn auf Trab.

341

Wenn Sie körperlich noch fit sind, können Sie vielleicht ja auch Ihre Dienste als „Leihoma“ oder „-opa“ anbieten? Sie passen auf ein kleines Kind auf und bringen diesem in der Zeit, die Sie mit ihm verbringen, automatisch etwas bei. Das hält Sie ganz bestimmt in Form!

342

Wenn Ihre Augen nicht mehr so ganz mitmachen, müssen Sie dennoch nicht darauf verzichten, Ihr Gedächtnis zu trainieren. Auf Kassette oder CD sind Hörbücher und natürlich Kurse aller Art (zum Beispiel Fremdsprachenkurse) erhältlich, die Sie ebenfalls zum Gehirnjogging verleiten.

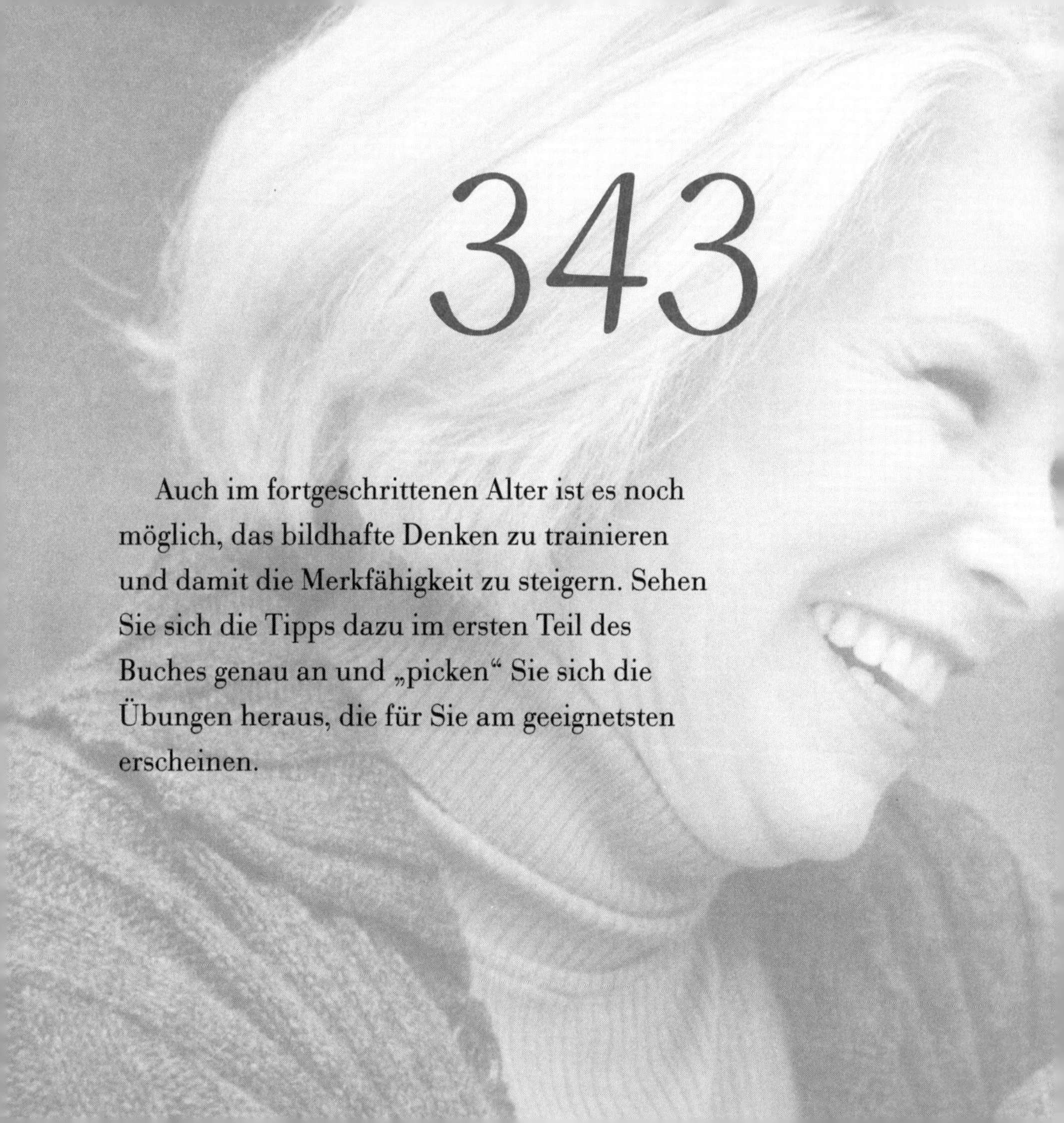

343

Auch im fortgeschrittenen Alter ist es noch möglich, das bildhafte Denken zu trainieren und damit die Merkfähigkeit zu steigern. Sehen Sie sich die Tipps dazu im ersten Teil des Buches genau an und „picken“ Sie sich die Übungen heraus, die für Sie am geeignetsten erscheinen.

344

Scheuen Sie sich nicht, beim Denken eingefahrene Pfade zu verlassen. Auch wenn Sie etwas immer so gemacht haben, kann es noch bessere Wege geben, diese Dinge zu erledigen.

345

Wenn Sie Gedächtnisübungen durchführen, lassen Sie sich ruhig etwas mehr Zeit dafür (falls Sie sie brauchen sollten) als angegeben. Sie brauchen sich nicht zu hetzen; es ist gut, wenn Sie Ihrem Gedächtnis überhaupt etwas zu tun geben.

346

Der Vorteil des Alters: Man ist nicht mehr so ungeduldig. Und Geduld ist gerade bei der Durchführung eines Gedächtnistrainings von Nutzen – wenn sich die Erfolge nicht so rasch einstellen, wie man es sich gewünscht hat.

347

Auch im fortgeschrittenen Alter sollte man sich für das Gedächtnistraining kleine Ziele setzen. Nehmen Sie sich zum Beispiel vor, an einem Tag fünf Dinge aus einer Liste zu behalten, am folgenden Tag sieben.

Auch wenn das Fernsehen einen großen Reiz hat: Lassen Sie sich nicht zu lange davon berieseln, sondern werden Sie selbst aktiv. Fernsehen fordert die kleinen grauen Zellen nur in sehr begrenztem Maße.

348

349

Wenn jedoch im Fernsehen Ratesendungen (zum Beispiel „Was bin ich?“ oder Ähnliches) laufen, sollten Sie ruhig einmal einschalten und versuchen mitzuraten. Diese sind durchaus in der Lage, Ihr Gehirn etwas in Schwung zu bringen.

350

Laufen Krimis im Fernsehen, bei denen der Täter zu Anfang noch unbekannt ist, raten Sie ruhig mit, wer es sein könnte. Auf diese Weise sind Sie stärker an der Handlung beteiligt, als wenn Sie sich nur berieseln lassen.

351

Wer rastet, der rostet. Dieses alte Sprichwort trifft auch auf Ihr Gedächtnis zu. Denken Sie stets daran, wenn Sie keine Lust dazu haben, Ihr Gehirn ein wenig zu fordern. Zehn Minuten Training am Tag reichen schon aus, um nicht zu viel „Rost“ anzusetzen.

352

Aktive Entspannung ist natürlich auch im Alter wichtig, um das Gehirn auf Vordermann zu bringen. Vielleicht haben Sie ja Lust, noch eine Entspannungstechnik zu erlernen? Positiver Nebeneffekt: Oft lernt man in solchen Kursen (die übrigens auch für Senioren angeboten werden) richtig nette Leute kennen.

353

Fangen Sie damit an, Tagebuch zu schreiben. Das hilft dabei, die Gedanken zu strukturieren. Im Alter haben viele Menschen für solch eine nach modernen Maßstäben altmodische, aber doch sehr sinnvolle Tätigkeit endlich einmal wieder Zeit.

Versuchen Sie, immer positiv zu denken. Auf diese Weise werden Sie viel eher Fortschritte in Ihrer Gedächtnisleistung bemerken als mit einer pessimistischen Grundeinstellung.

354

355

Versuchen Sie, sich möglichst häufig im Freien aufzuhalten. Ein frischer Wind, der einem um die Nase weht, hilft dabei, den Kopf einmal so richtig durchzupusten. Der gesamte Organismus profitiert von einem Aufenthalt an der frischen Luft.

Igeln Sie sich nicht in Ihrer Wohnung ein, sondern halten Sie Kontakte nach draußen. Auf diese Weise bekommen Sie eine Vielzahl von Anregungen, die Ihr Gehirn aktiv halten.

356

357

Treffen Sie sich nicht nur mit Gleichaltrigen, sondern versuchen Sie, auch Kontakte zu Jüngeren zu bekommen. Die (oftmals) anderen Ansichten der jüngeren Generation regen zum Nachdenken an, was sich wiederum positiv auf Ihr Gedächtnis auswirken wird.

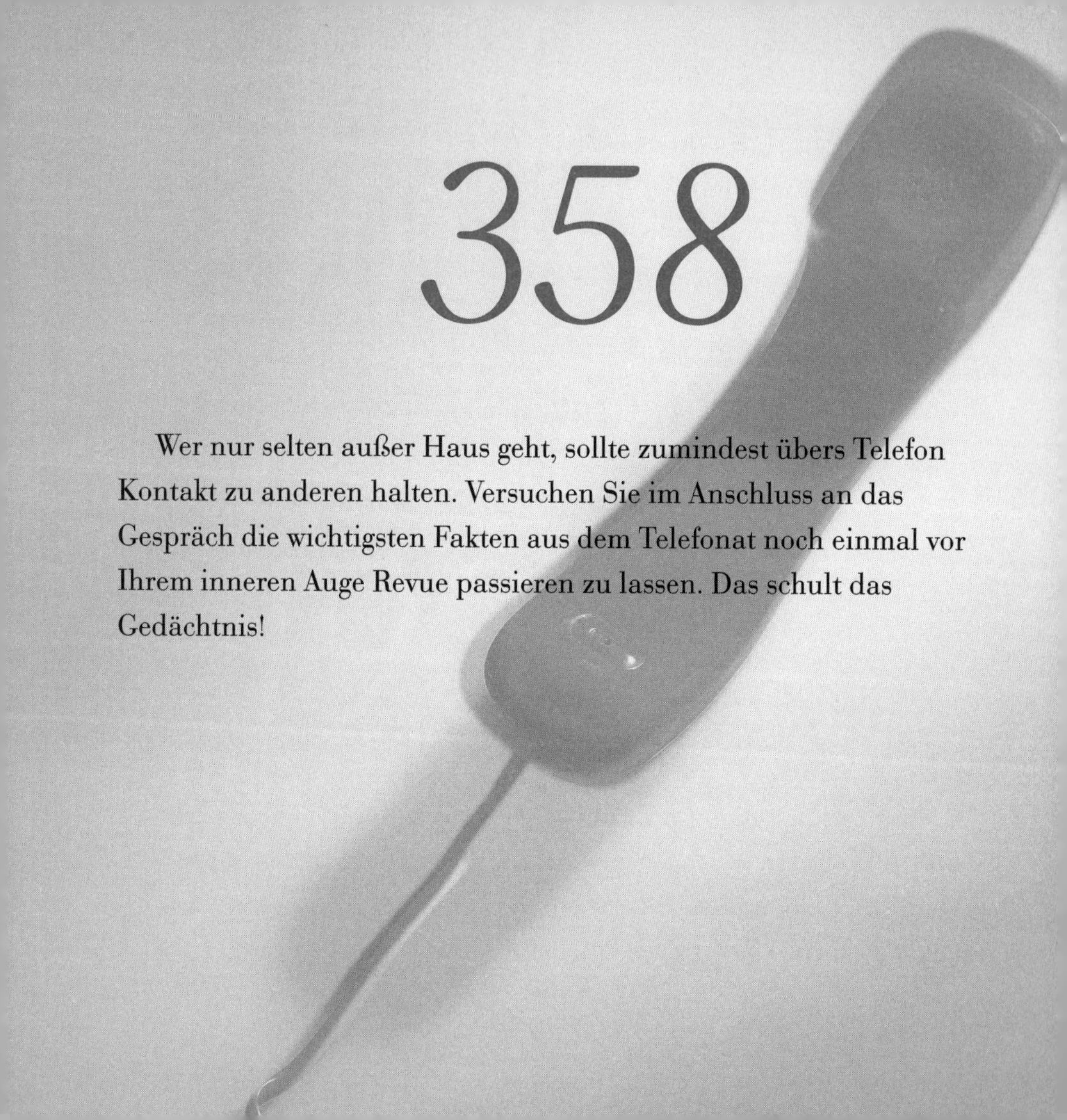

358

Wer nur selten außer Haus geht, sollte zumindest übers Telefon Kontakt zu anderen halten. Versuchen Sie im Anschluss an das Gespräch die wichtigsten Fakten aus dem Telefonat noch einmal vor Ihrem inneren Auge Revue passieren zu lassen. Das schult das Gedächtnis!

359

Wer allein lebt, sollte sich (falls möglich) ein Haustier zulegen. Untersuchungen haben festgestellt, dass ältere Menschen, die ein Tier pflegen, in der Regel körperlich (und damit meist auch geistig) fitter waren als ihre Altergenossen ohne Haustier.

360

Es muss ja kein Hund sein, den Sie sich anschaffen. Eine (vergleichsweise) unabhängige Katze, ein Meerschweinchen oder ein Vogel sind als Haustier für ältere Menschen oft besser geeignet.

Finden Sie positive Vorbilder. Ein Mann wie der Schauspieler Peter Ustinov zum Beispiel war auch mit 80 Jahren noch in seinem Beruf aktiv, der – wie man sich leicht vorstellen kann – ein gutes Gedächtnis erfordert.

361

362

Spielen Sie hin und wieder einmal ein Gesellschafts- oder Kartenspiel. Dabei sind Ihr Reaktionsvermögen, Ihre Denk- und Ihre Konzentrationsfähigkeit gefragt, sodass Ihre kleinen grauen Zellen etwas zu tun bekommen.

363

Auch wenn Sie meinen, kein künstlerisches Talent zu besitzen: Malen Sie mal wieder ein Bild! Das schult unter anderem Ihr bildliches Vorstellungsvermögen, das wichtig für das Erbringen guter Gedächtnisleistungen ist.

Vergleichen Sie Ihre Gedächtnisleistung nicht mit der Jüngerer. In vielen Fällen werden Jüngere einfach aus dem Grund besser abschneiden, weil sie jünger sind – zumindest, wenn deren Gedächtnis auch ab und an trainiert wird.

364

365

Lassen Sie den Kopf nicht hängen, wenn nicht alles so klappt, wie Sie sich das vorgestellt haben. Vielleicht haben Sie sich zu hohe Ziele gesteckt oder aber es gibt andere hinderliche Faktoren. Suchen Sie nach den Gründen!